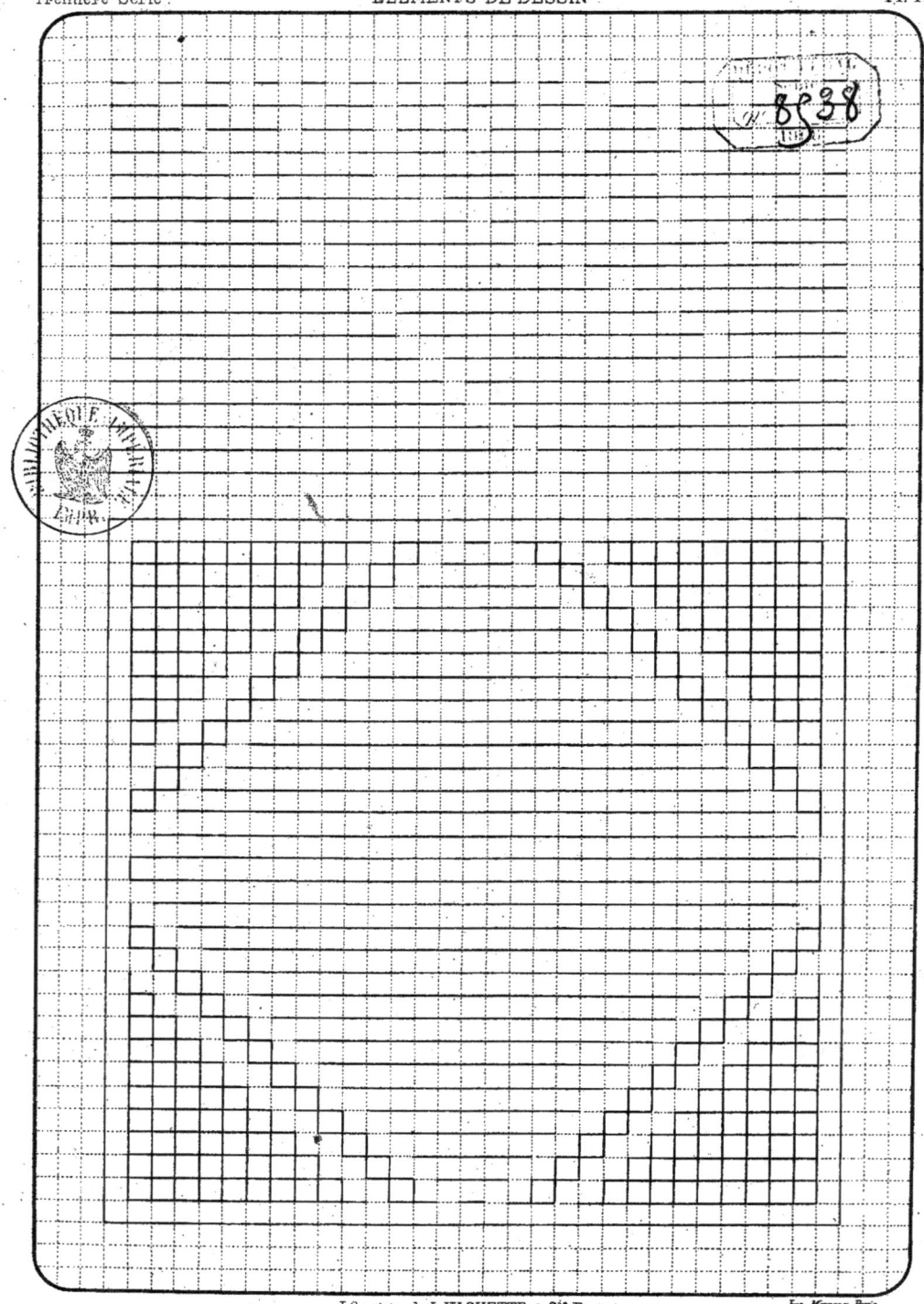

Librairie de L. HACHETTE & Cie Paris.
77, Boulevd St Germain.

Imp. Monrocq, Paris.

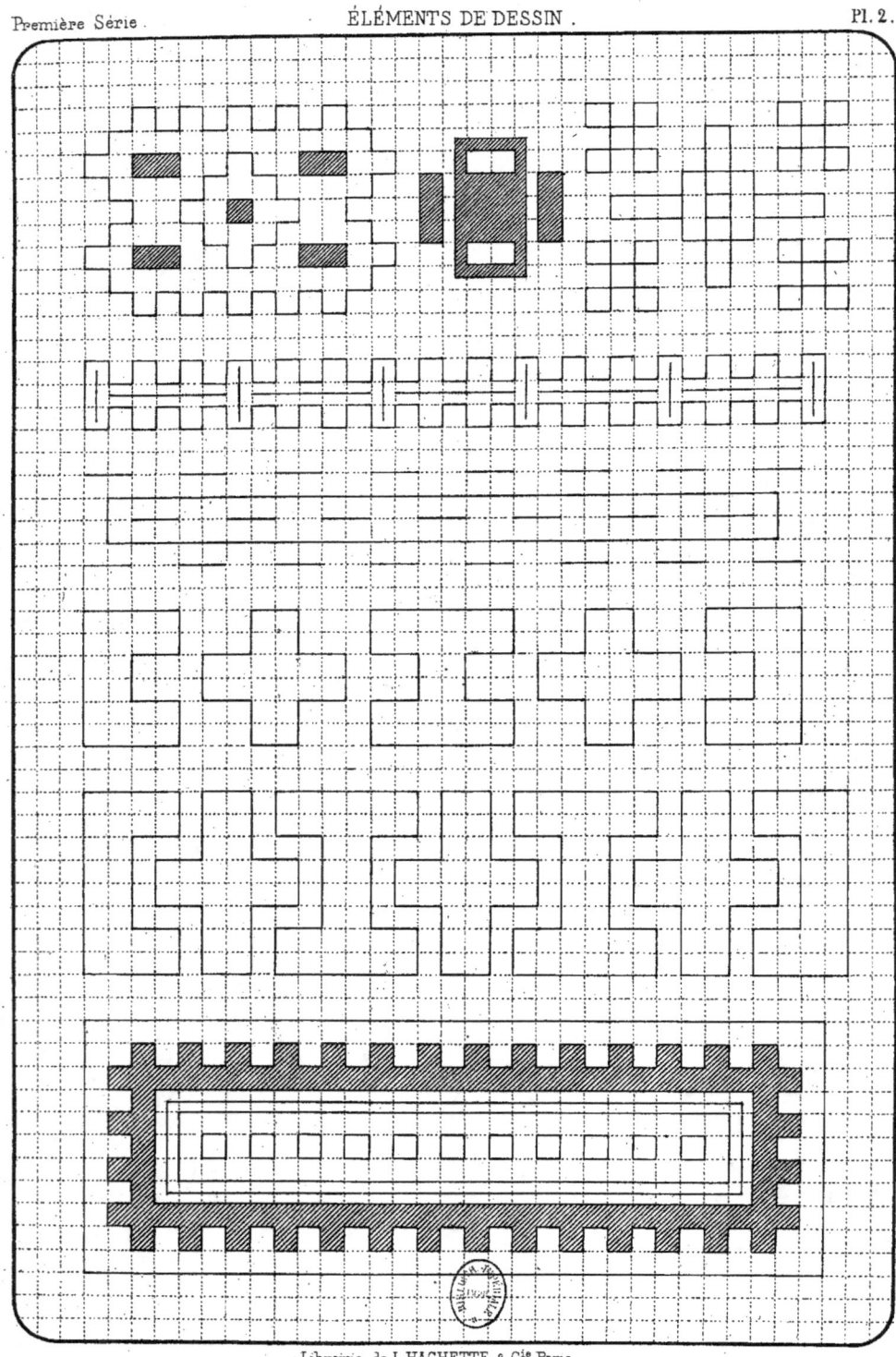

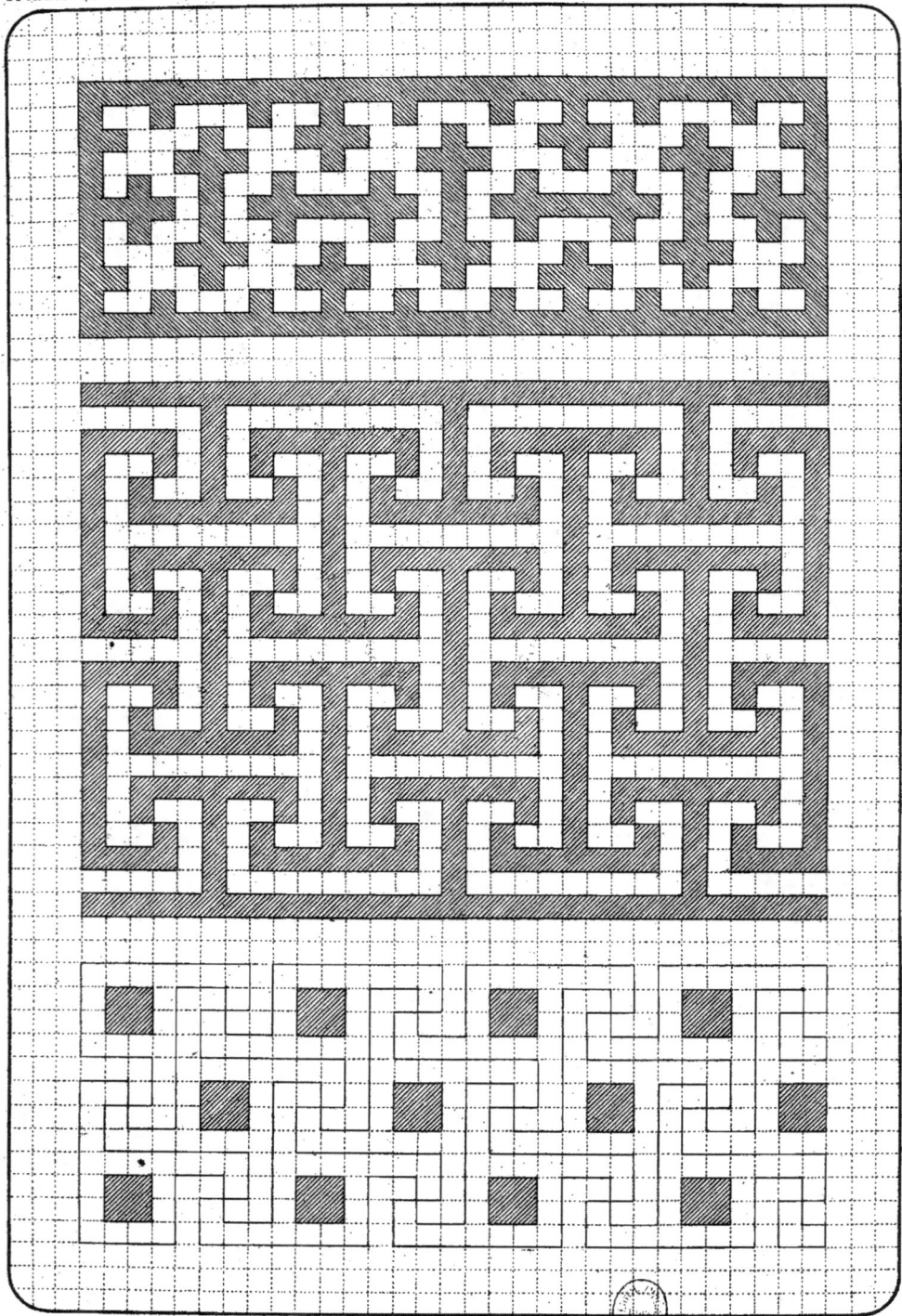

Librairie de L. HACHETTE & Cie Paris.
77, Boulevd St Germain.

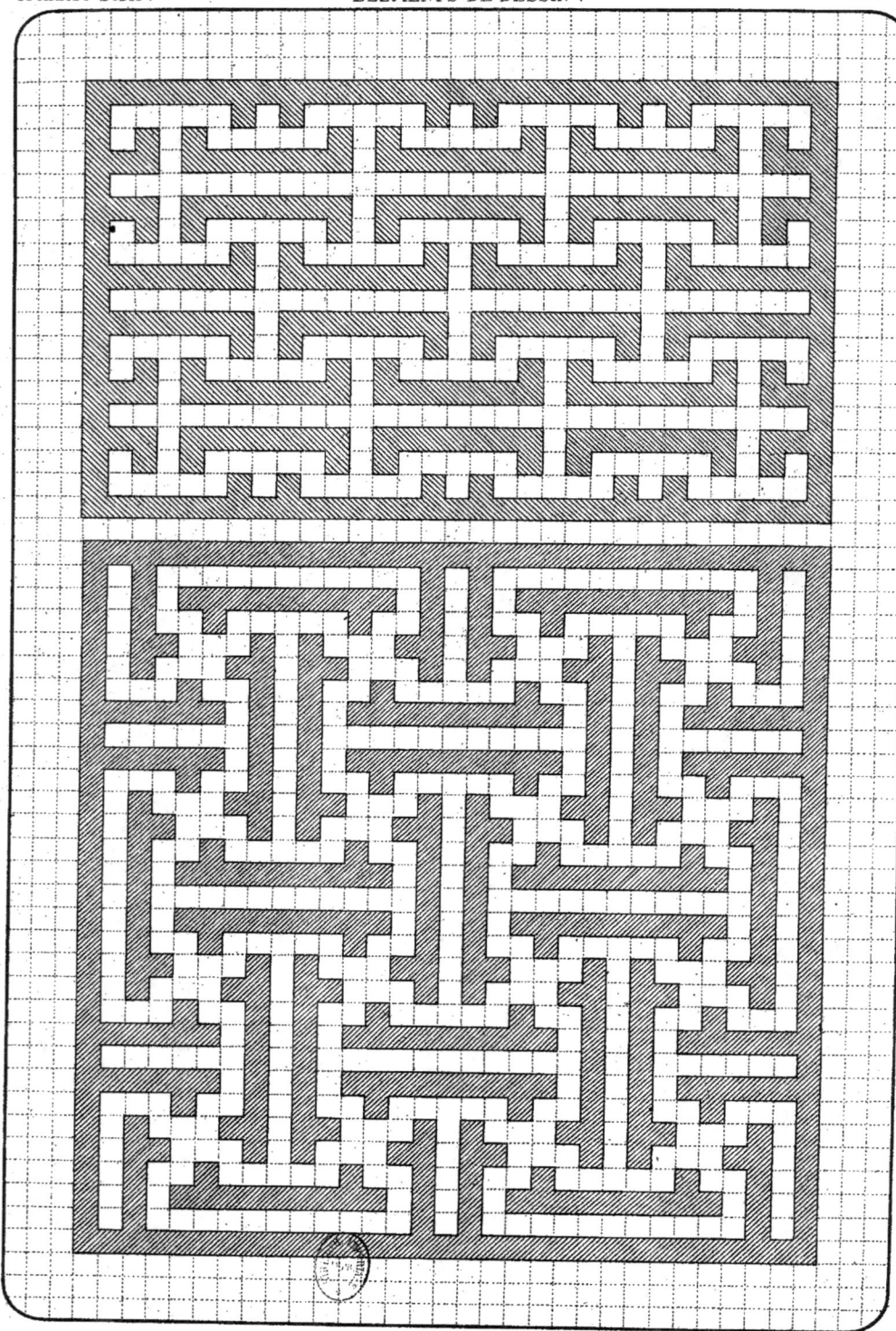

Librairie de L. HACHETTE & Cie Paris,
77, Boulevd St Germain.

Librairie de L.HACHETTE & Cie Paris ,
77, Boulevd. St Germain .

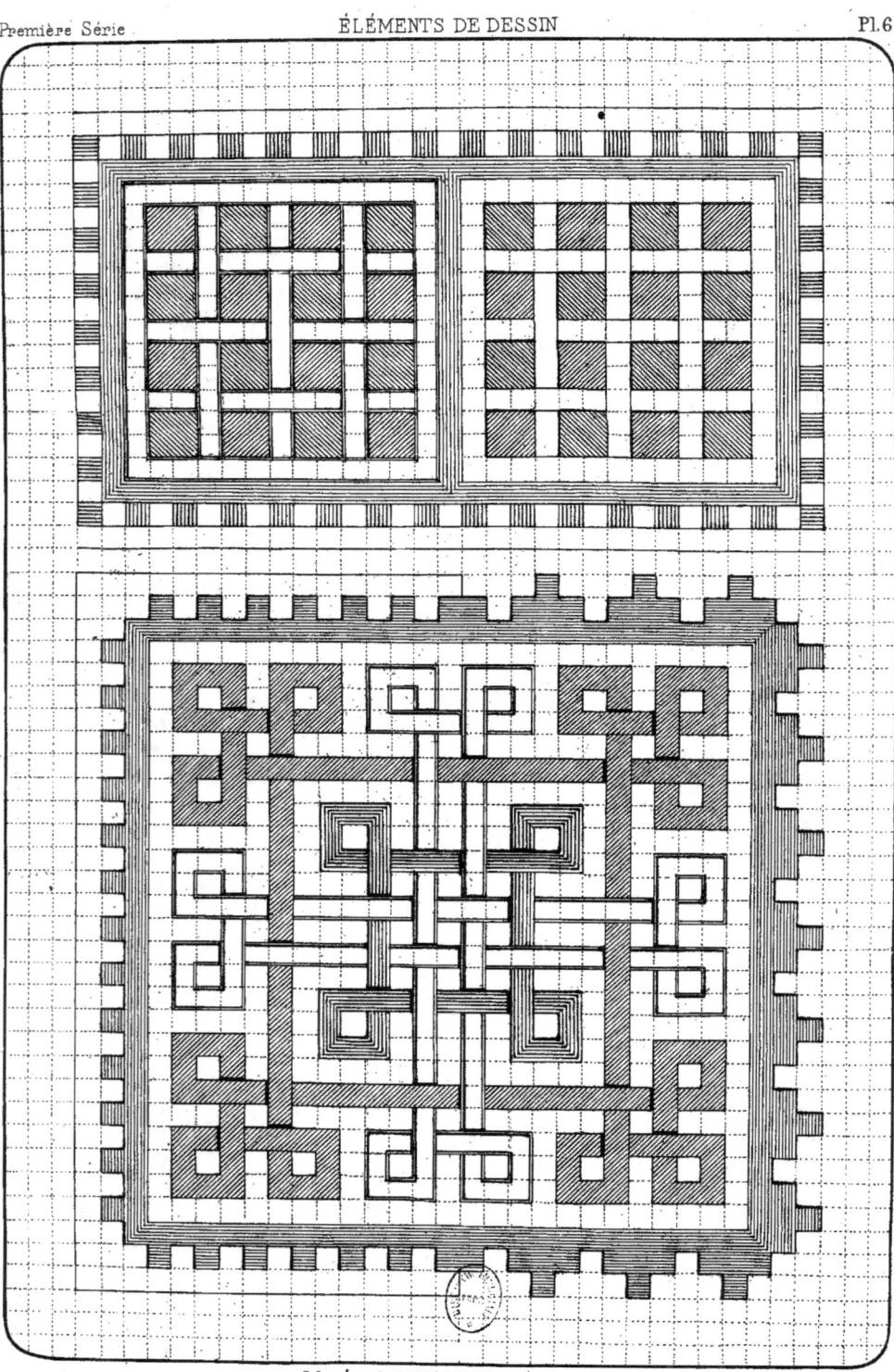

Librairie de L.HACHETTE & Cie Paris .
77, Boulevd St Germain .

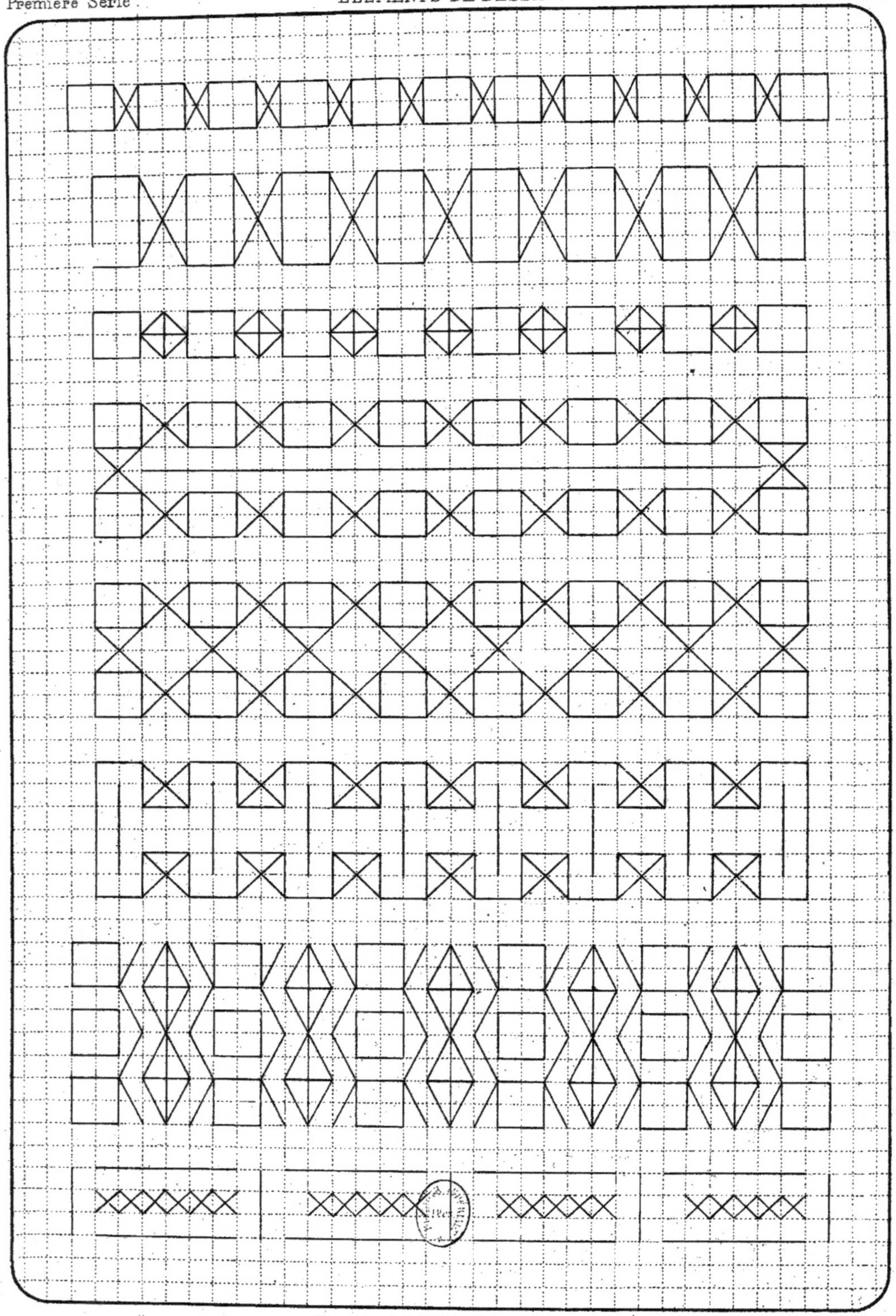

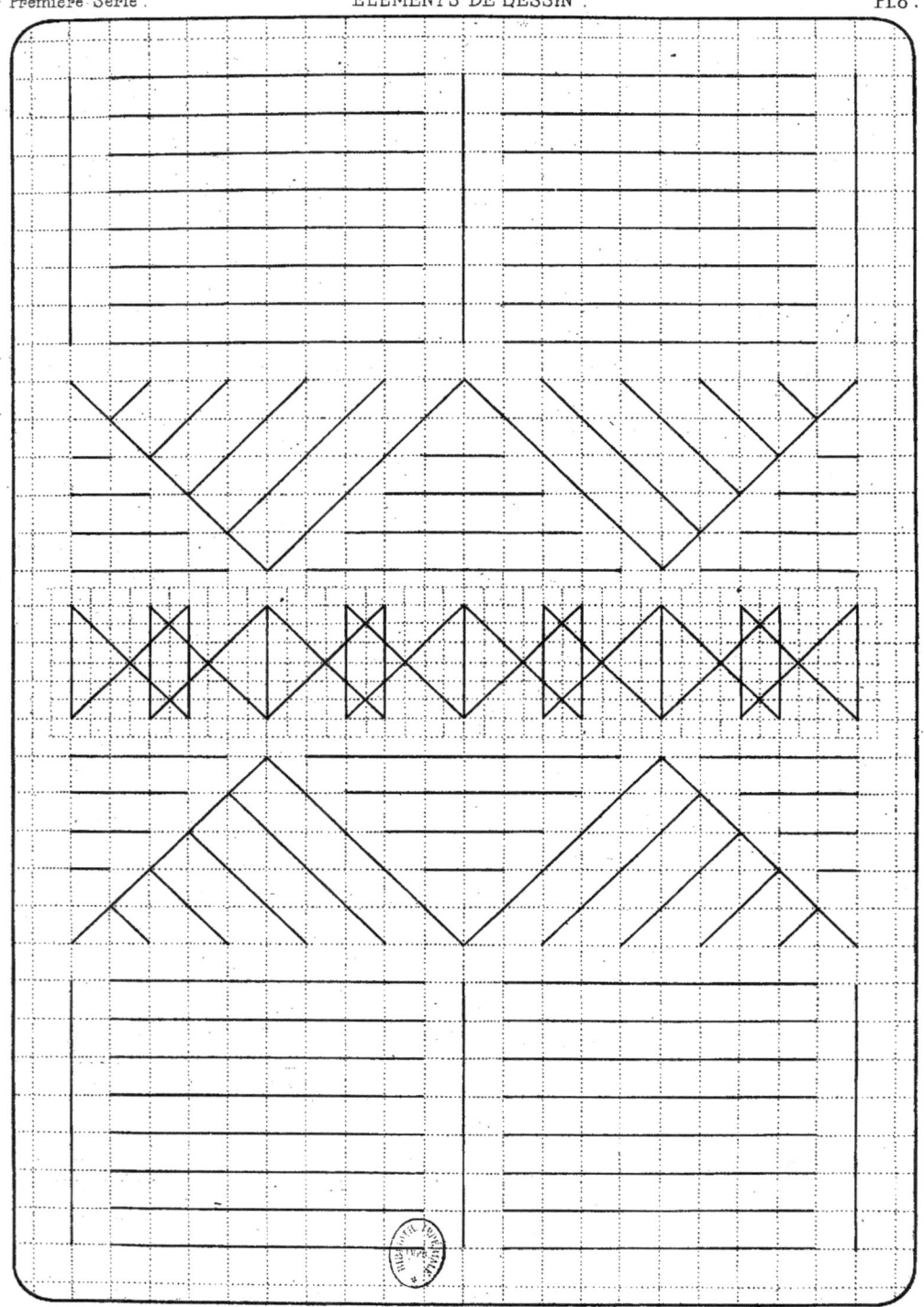

Librairie de L.HACHETTE & Cie Paris ,
77, Boulevd St Germain .

ÉLÉMENTS DE DESSIN

Pl. 9.

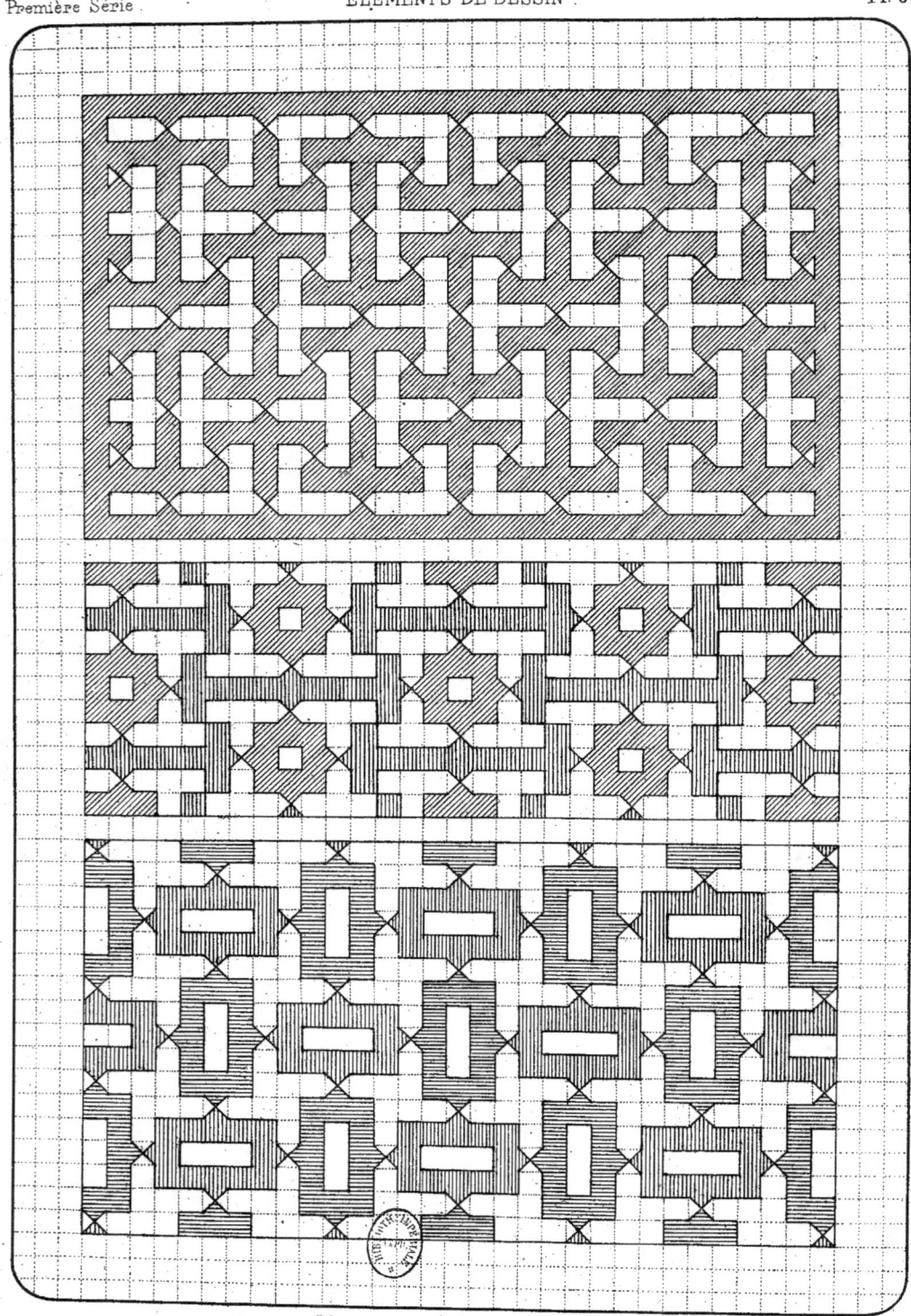

Librairie de L.HACHETTE & Cie Paris.
77, Boulevd St Germain.

Imp. Monrocq, Paris.

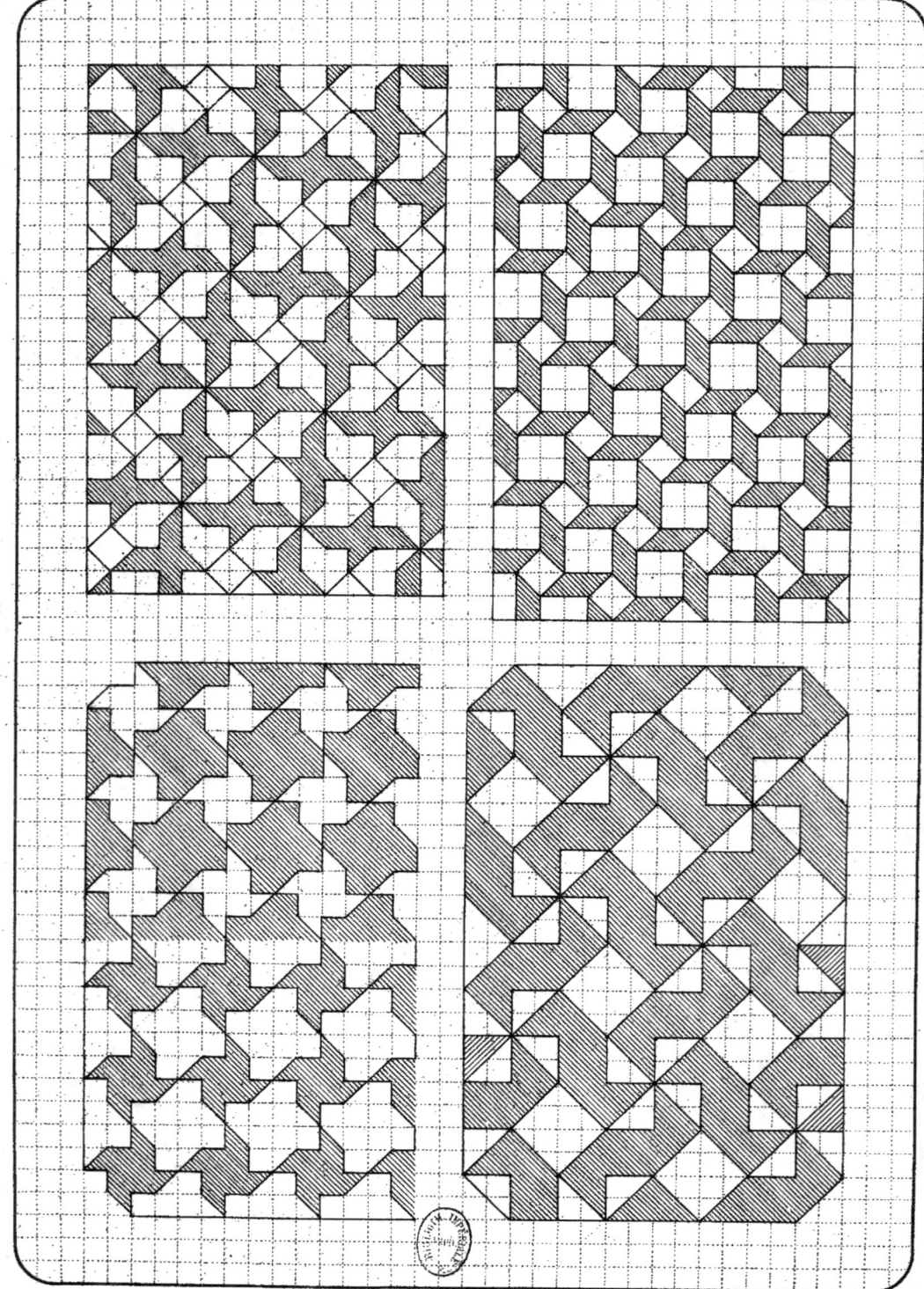

Librairie de L. HACHETTE & Cie Paris .
77, Boulevd St Germain .

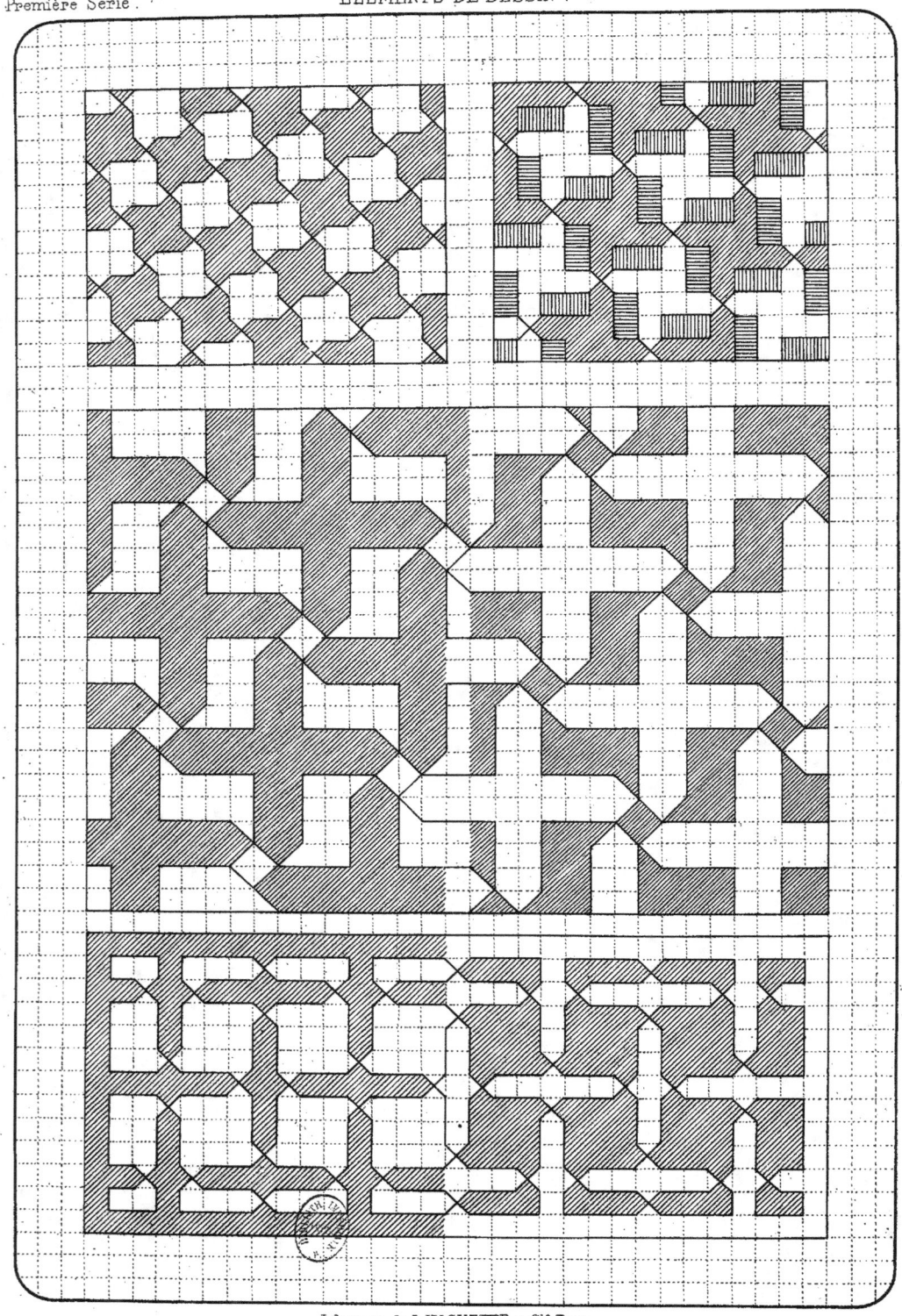

Librairie de L.HACHETTE & Cie Paris ,
77, Boulevd St Germain .

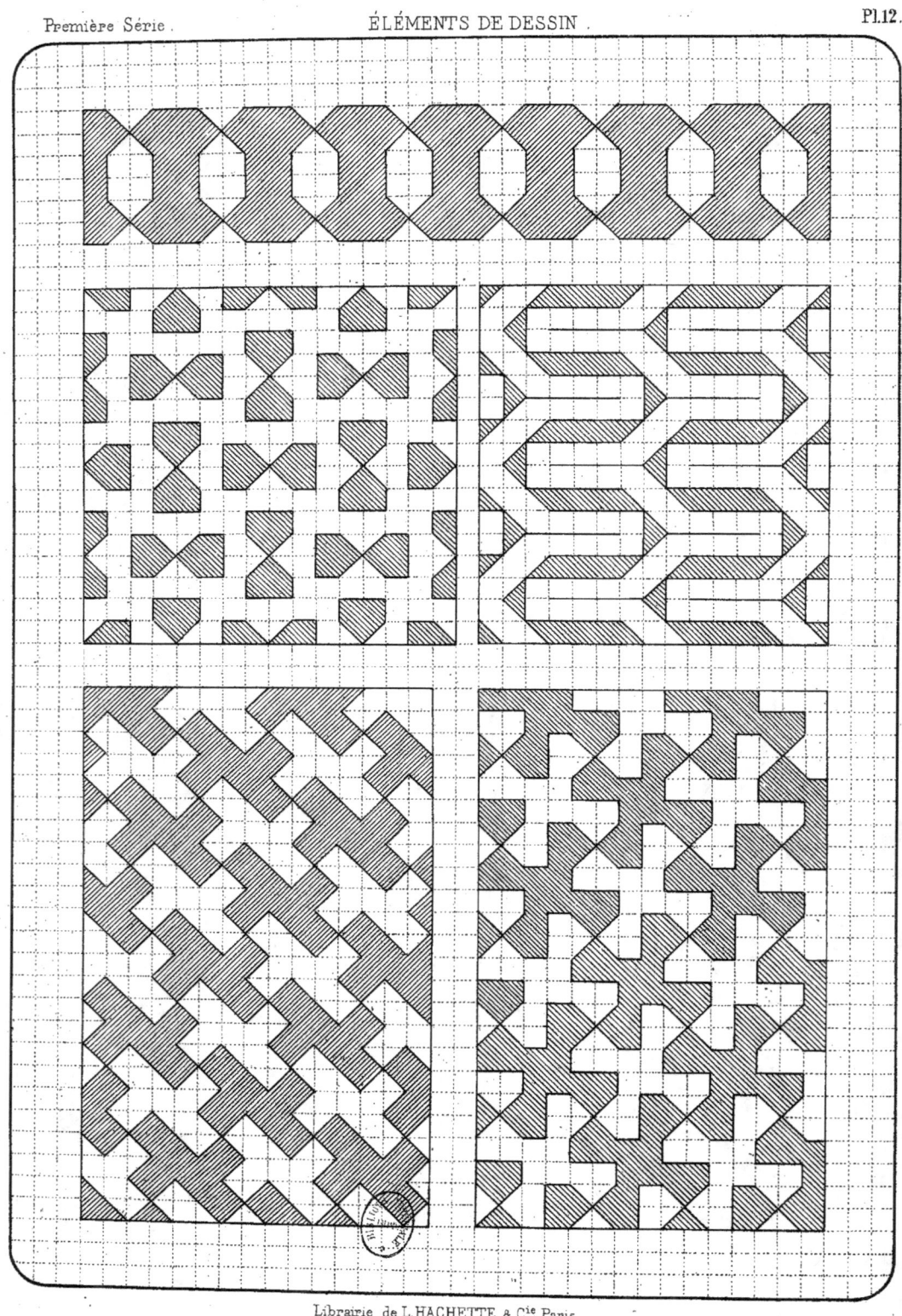

Librairie de L. HACHETTE & Cie Paris .
77, Boulevd St Germain .

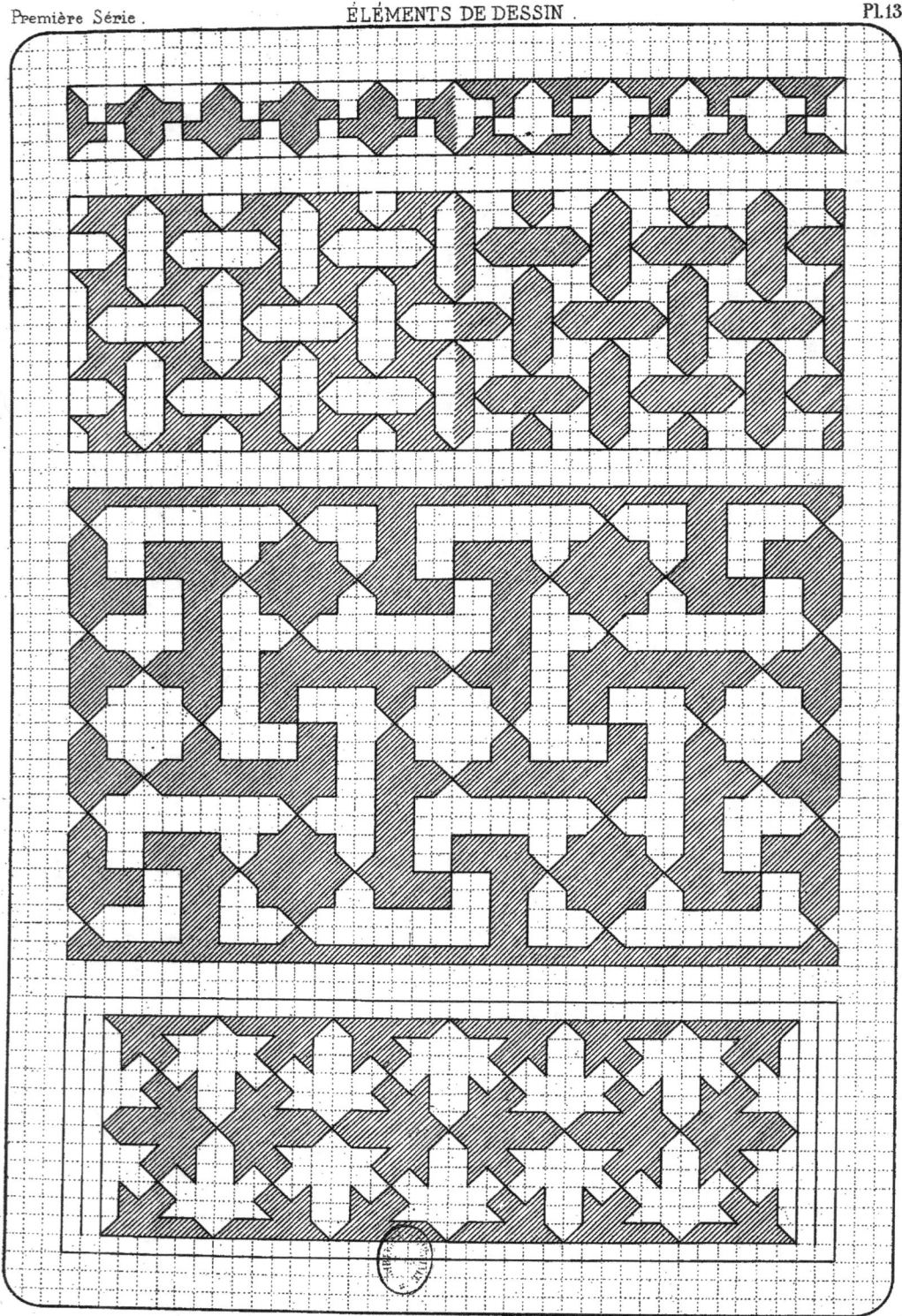

Librairie de L. HACHETTE & Cie Paris,
77, Boulevd St Germain.

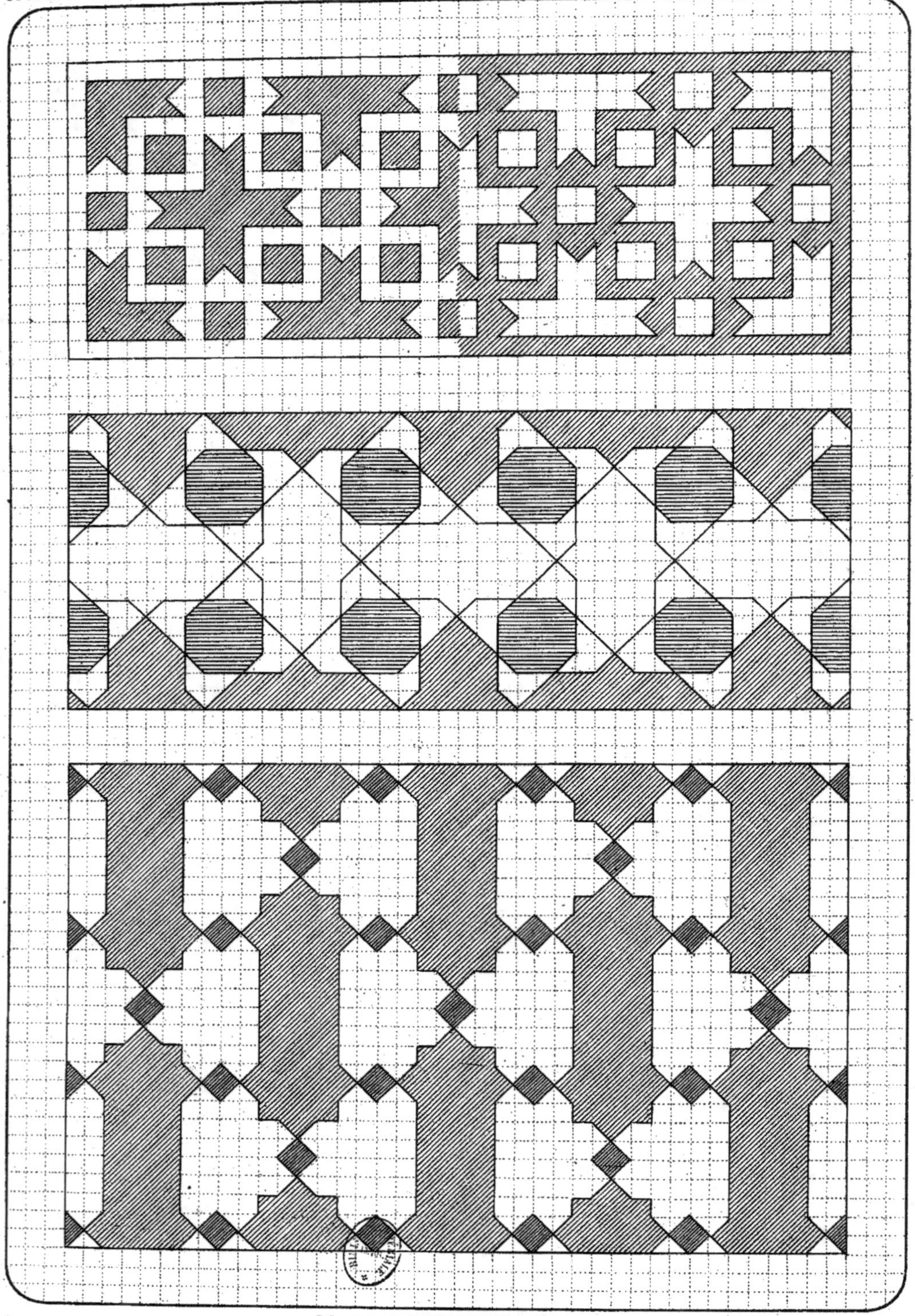

Librairie de L.HACHETTE & Cie Paris.
77, Boulevd St Germain.

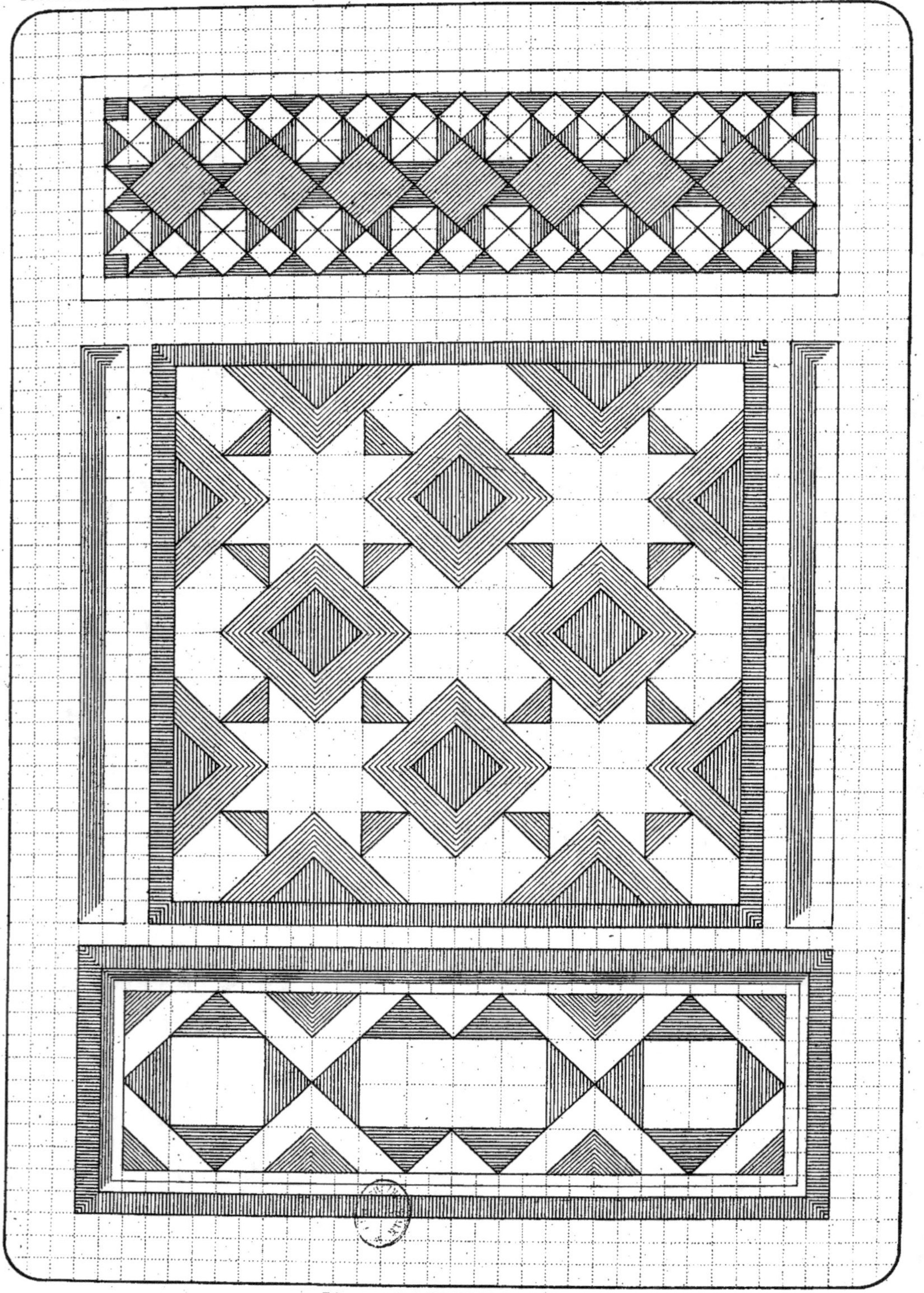

Librairie de L.HACHETTE & Cie Paris.
77, Boulevd St Germain.

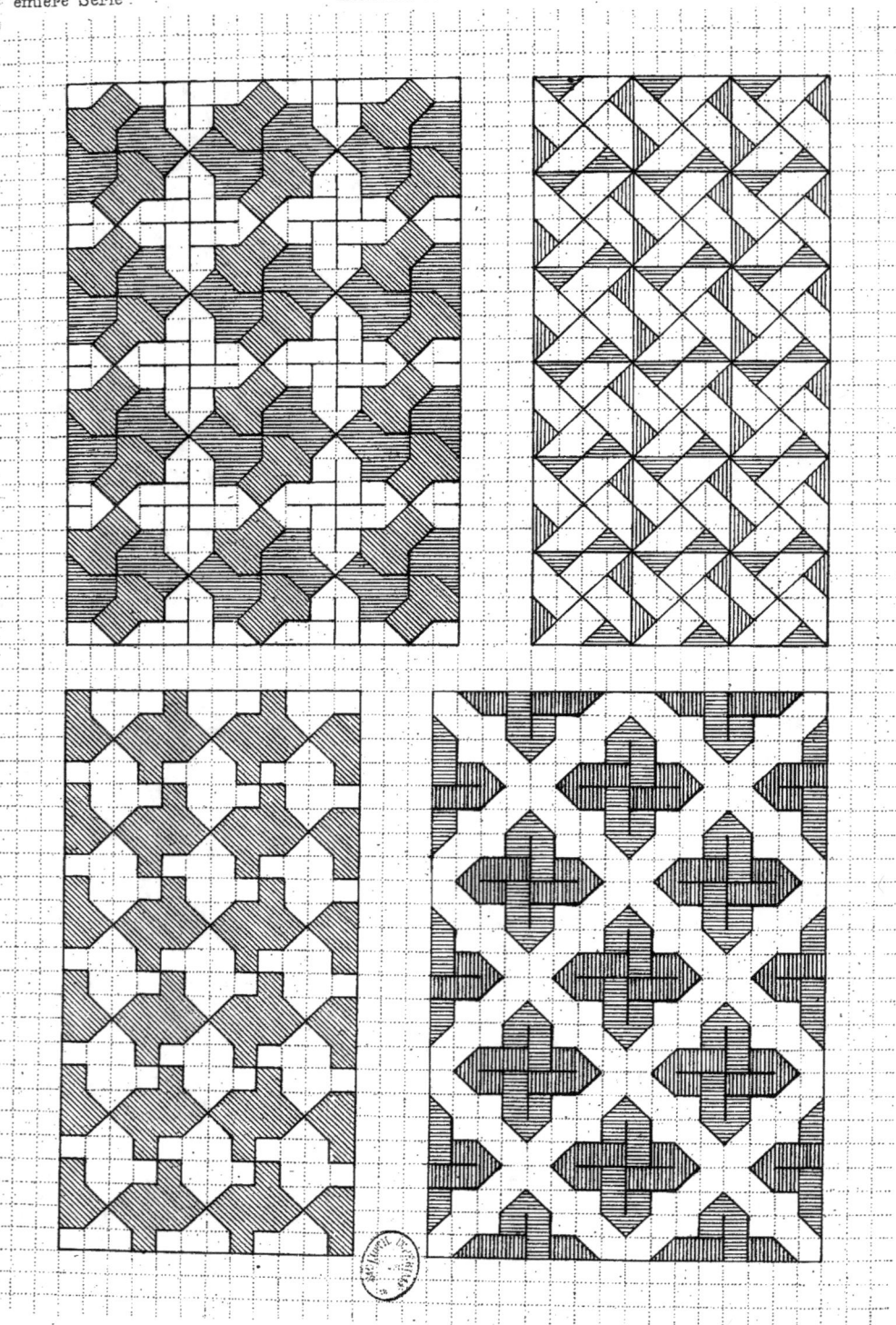

Librairie de L. HACHETTE & Cie Paris .
77, Bould St Germain .

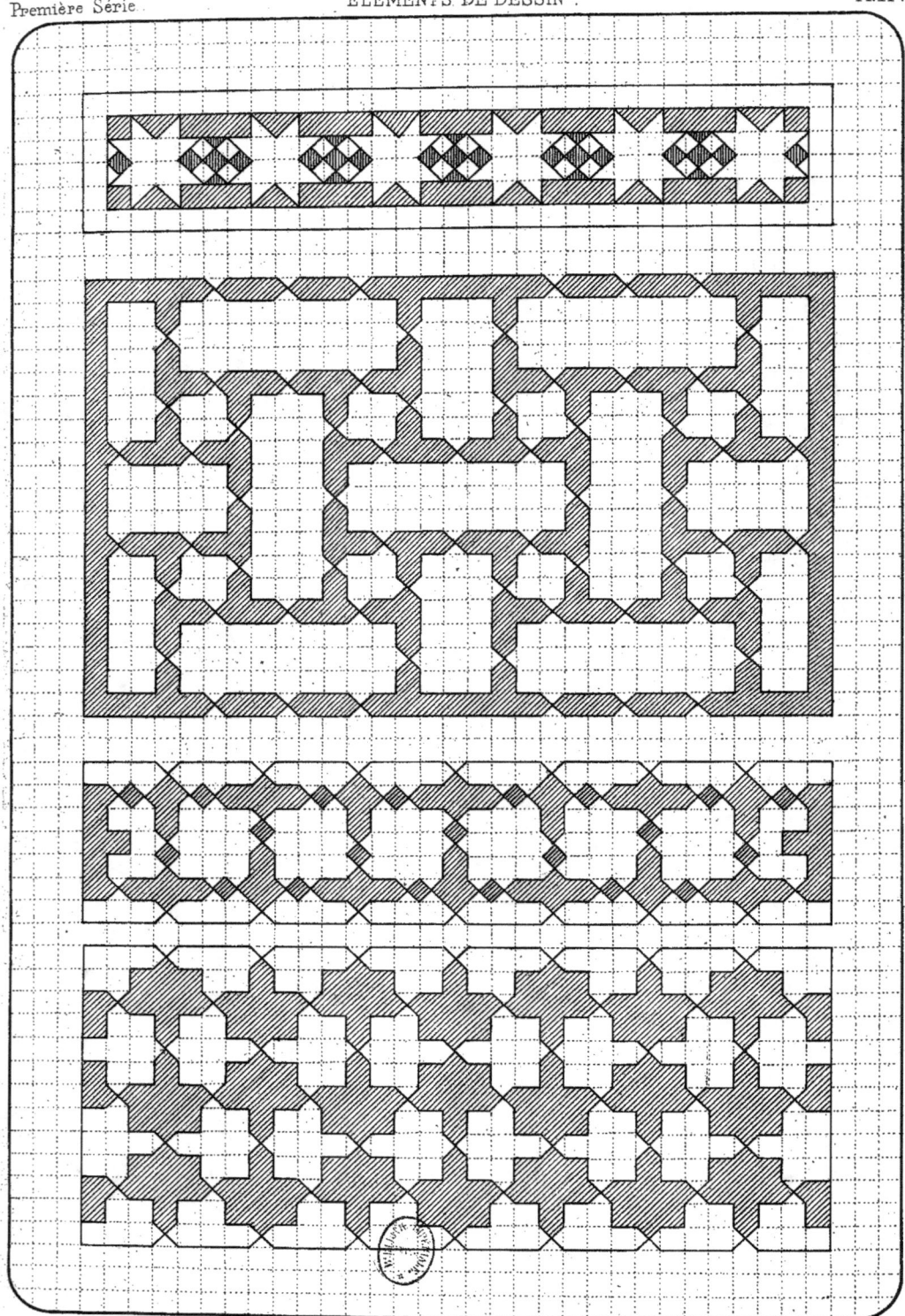

Librairie de L. HACHETTE & Cie Paris ,
77, Boulevd St Germain .

Imp. Monrocq, Paris.

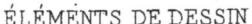

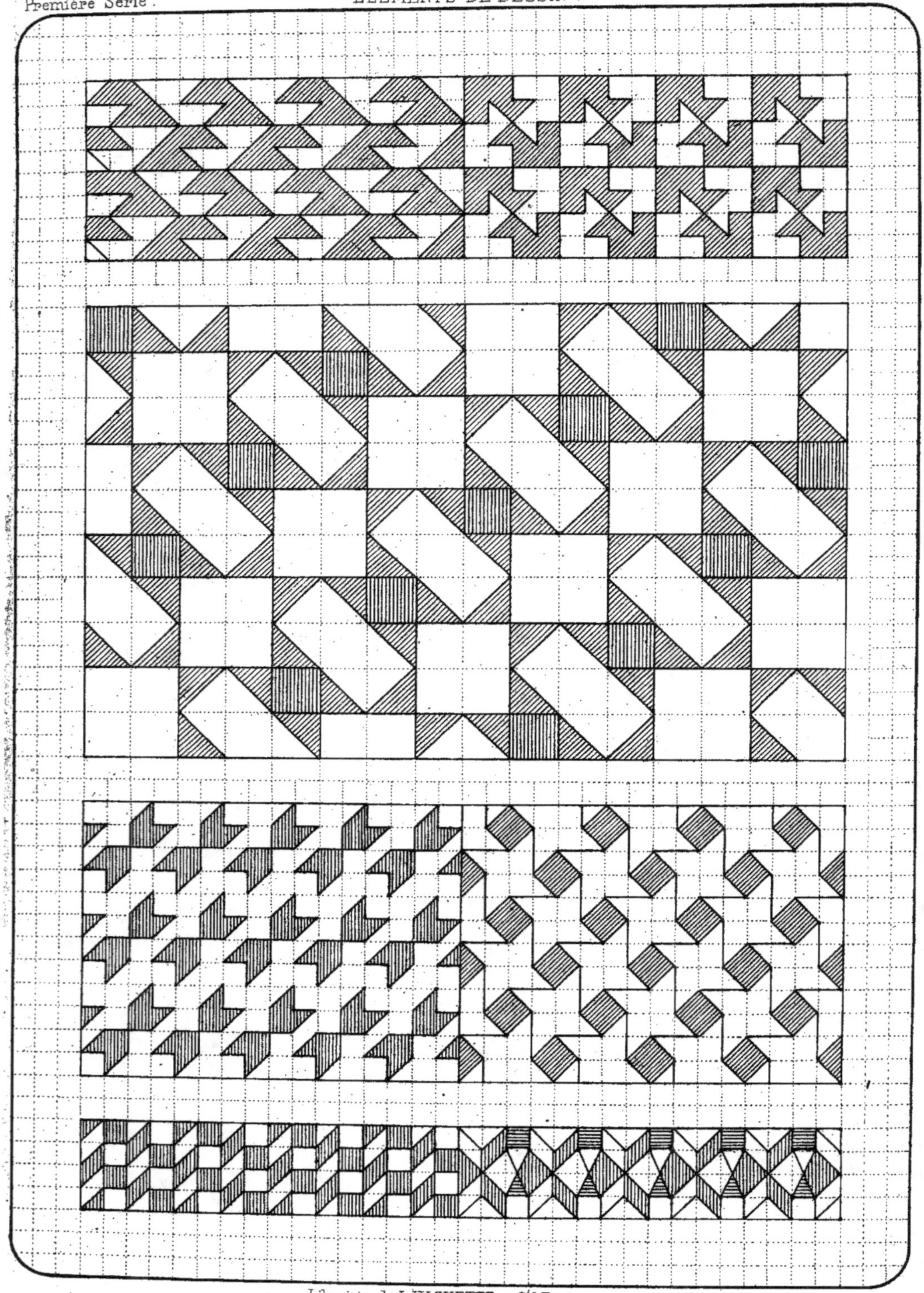

Librairie de L. HACHETTE & Cie Paris .
77. Boulevd St Germain .

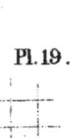

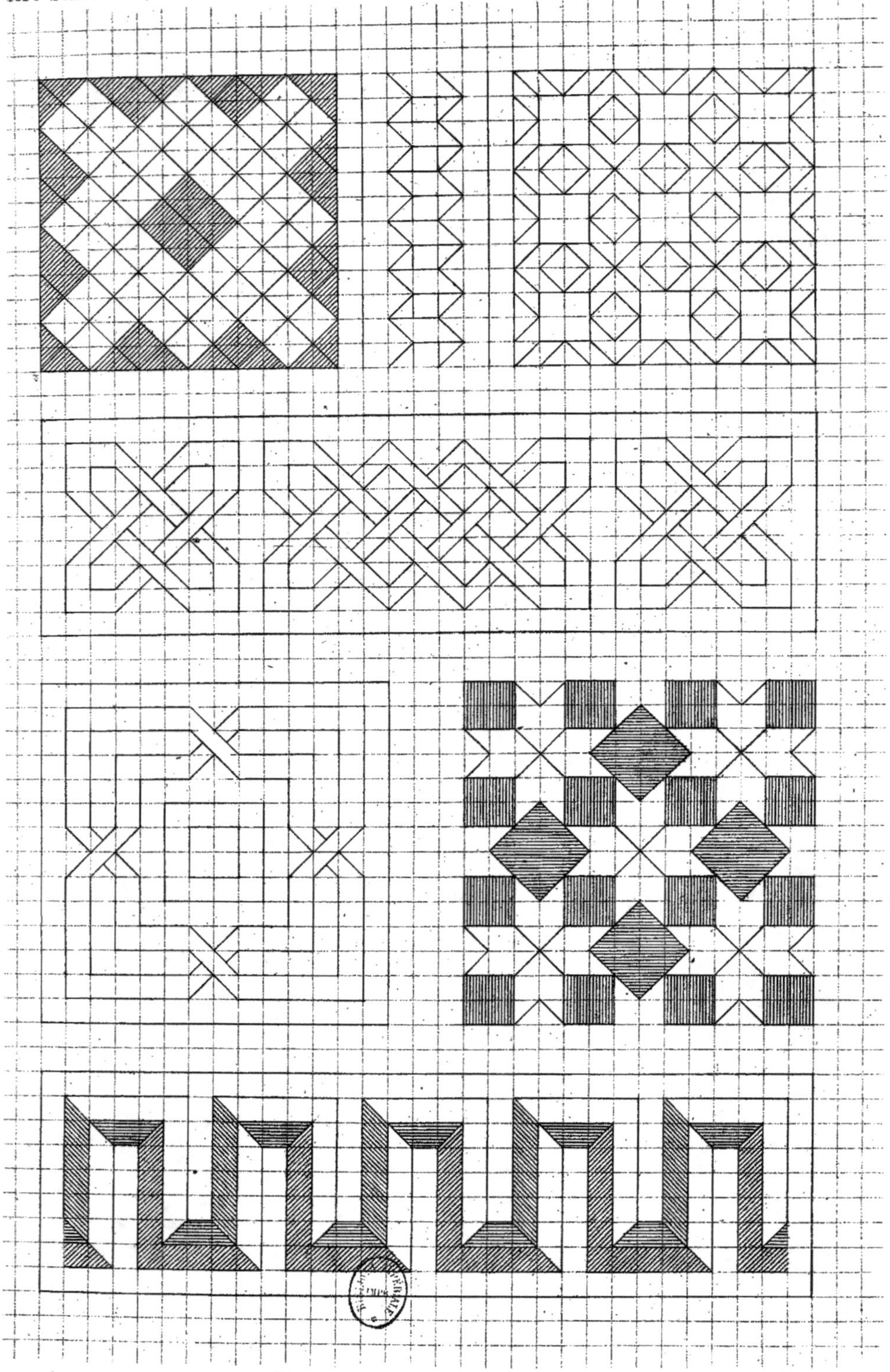

Librairie de L. HACHETTE & Cie Paris,
77, Boulevd St. Germain.

Librairie de L. HACHETTE & Cie Paris,
77, Boulevd St Germain.

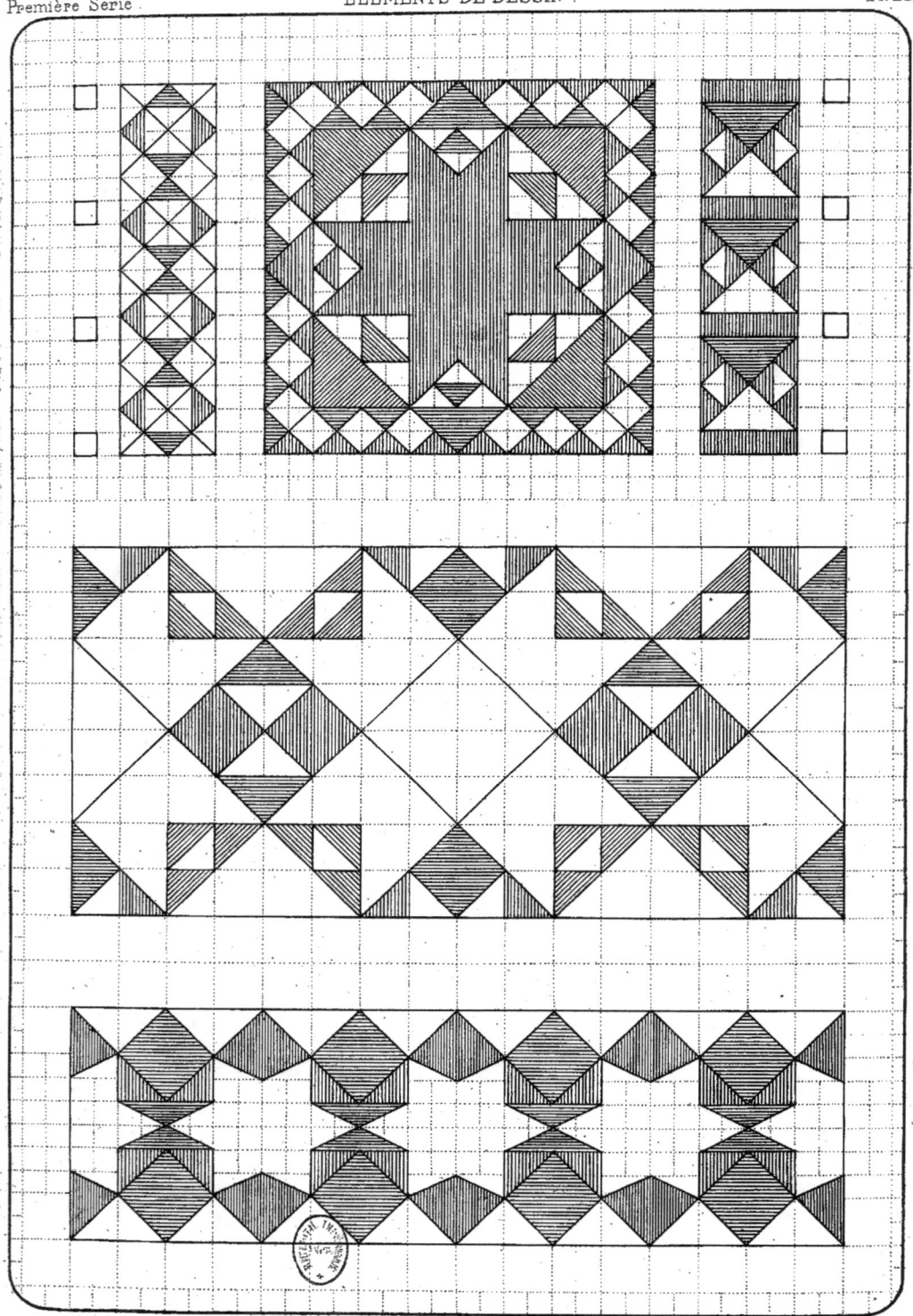

Librairie de L. HACHETTE & Cie Paris ,
77, Boulevᵈ Sᵗ Germain .

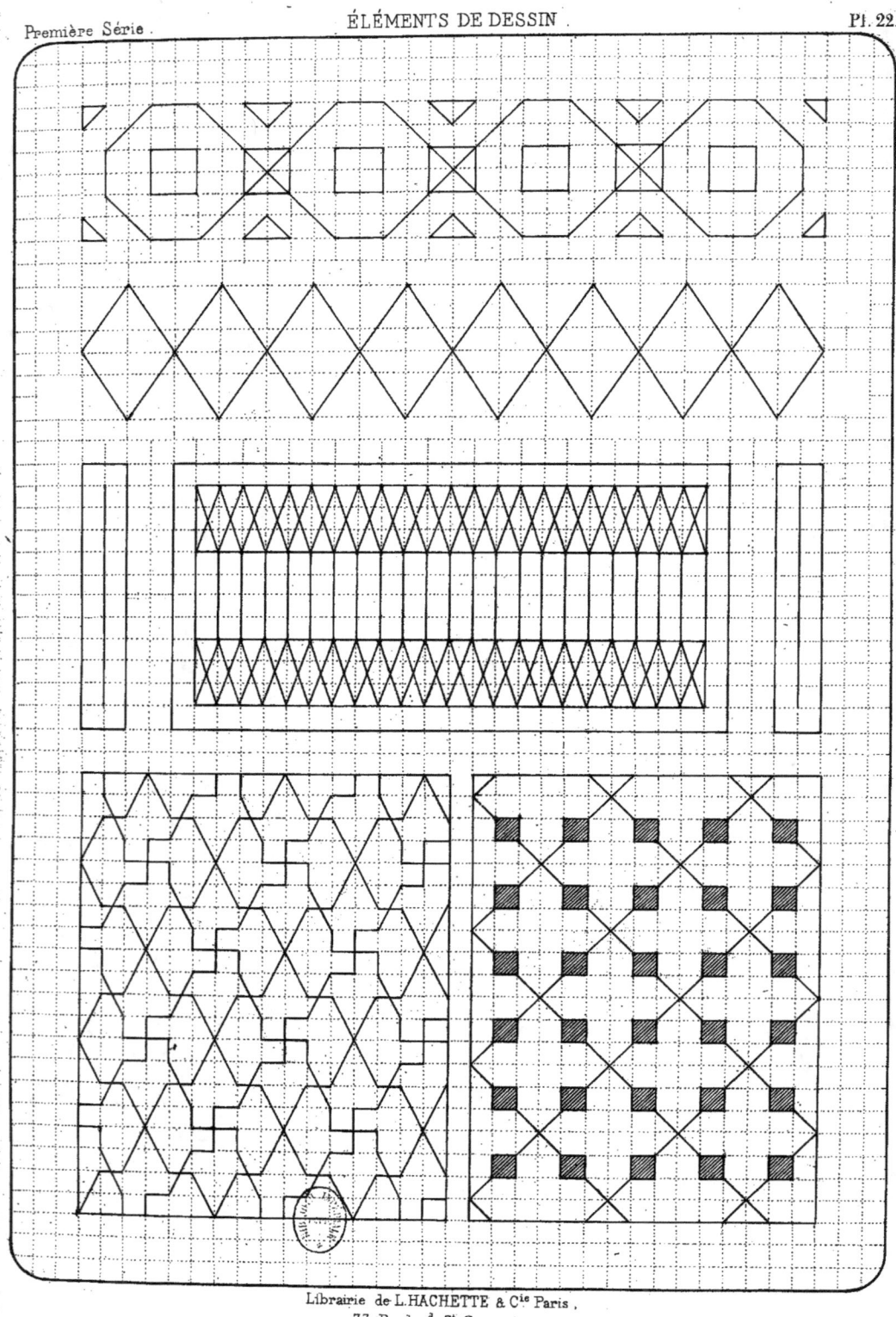

Librairie de L. HACHETTE & Cie Paris ,
77, Boulev.d St Germain .

ÉLÉMENTS DE DESSIN. Pl. 23.

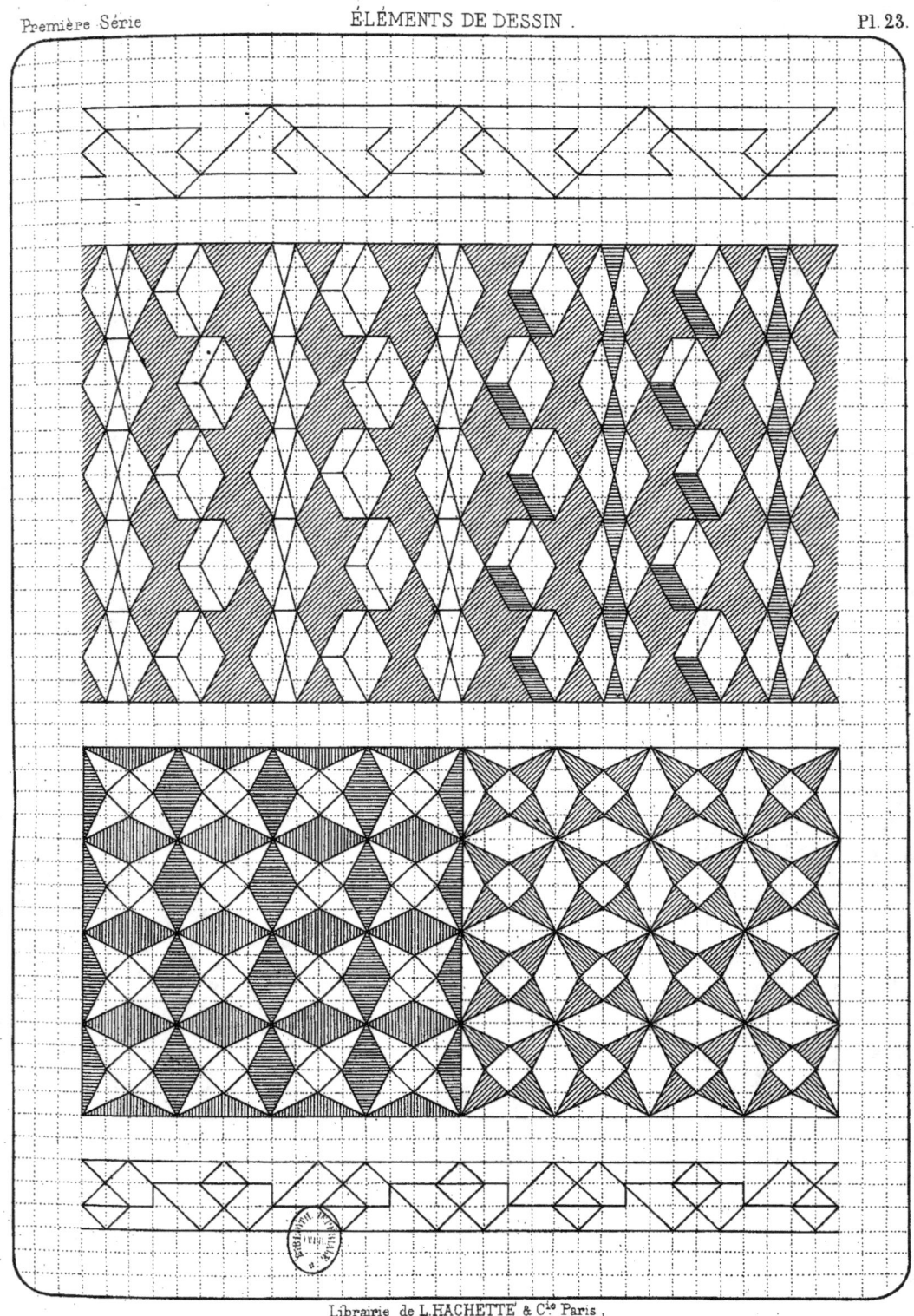

Librairie de L.HACHETTE & Cie Paris,
77, Boulevd St Germain.

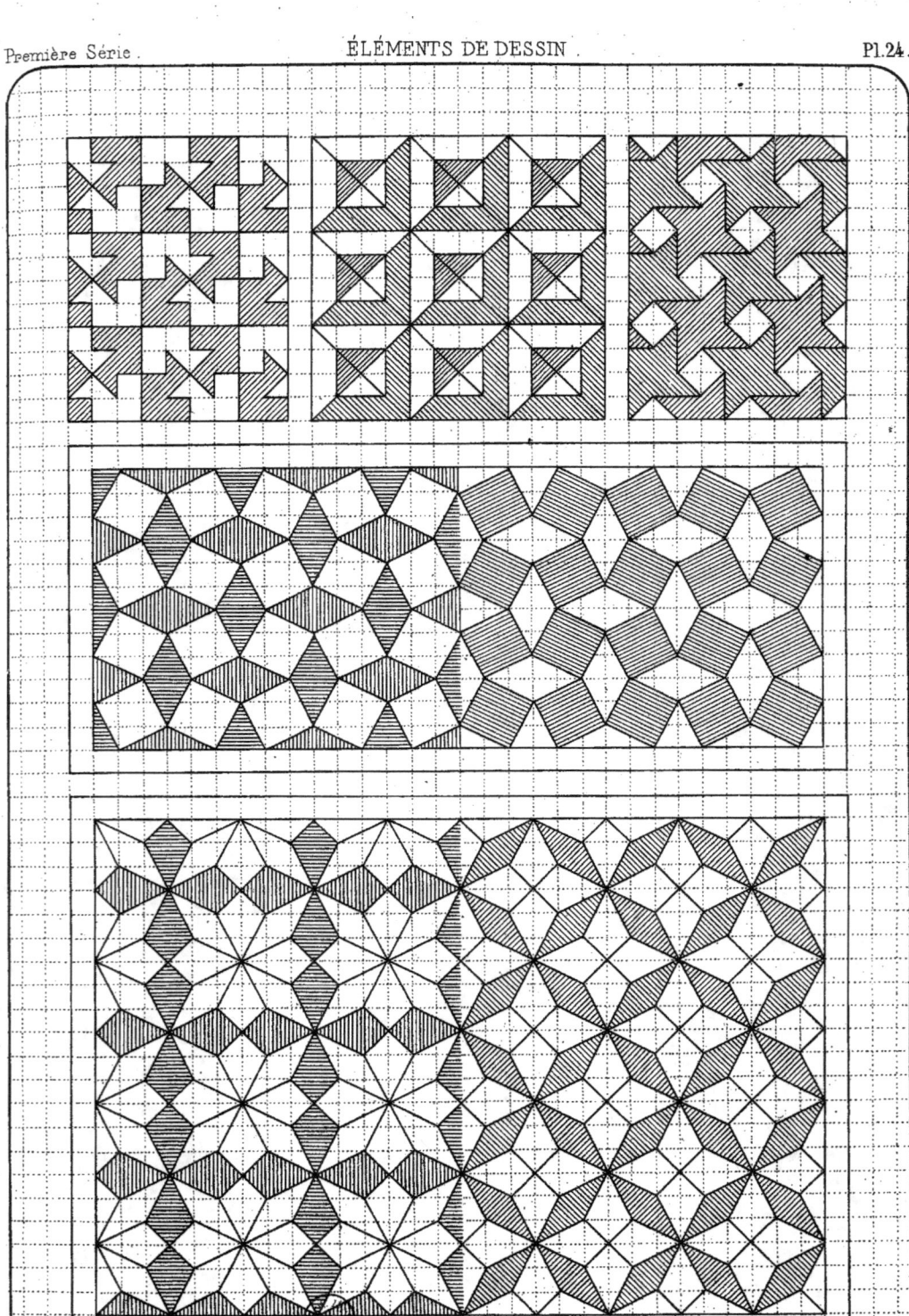

Librairie de L.HACHETTE & Cie Paris ,
77, Boulevd St Germain .

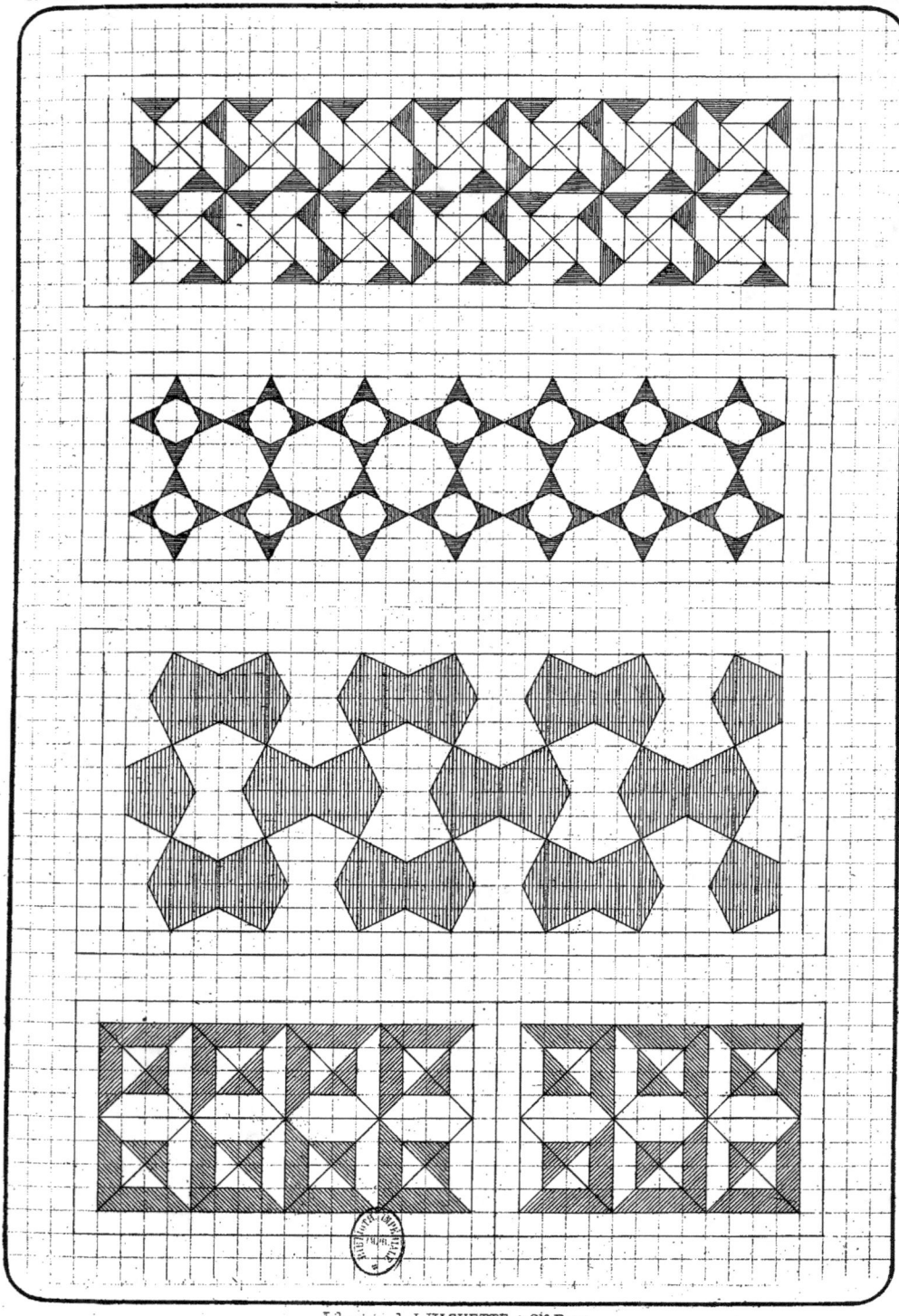

Librairie de L.HACHETTE & Cⁱᵉ Paris,
77, Boulevᵈ Sᵗ Germain.

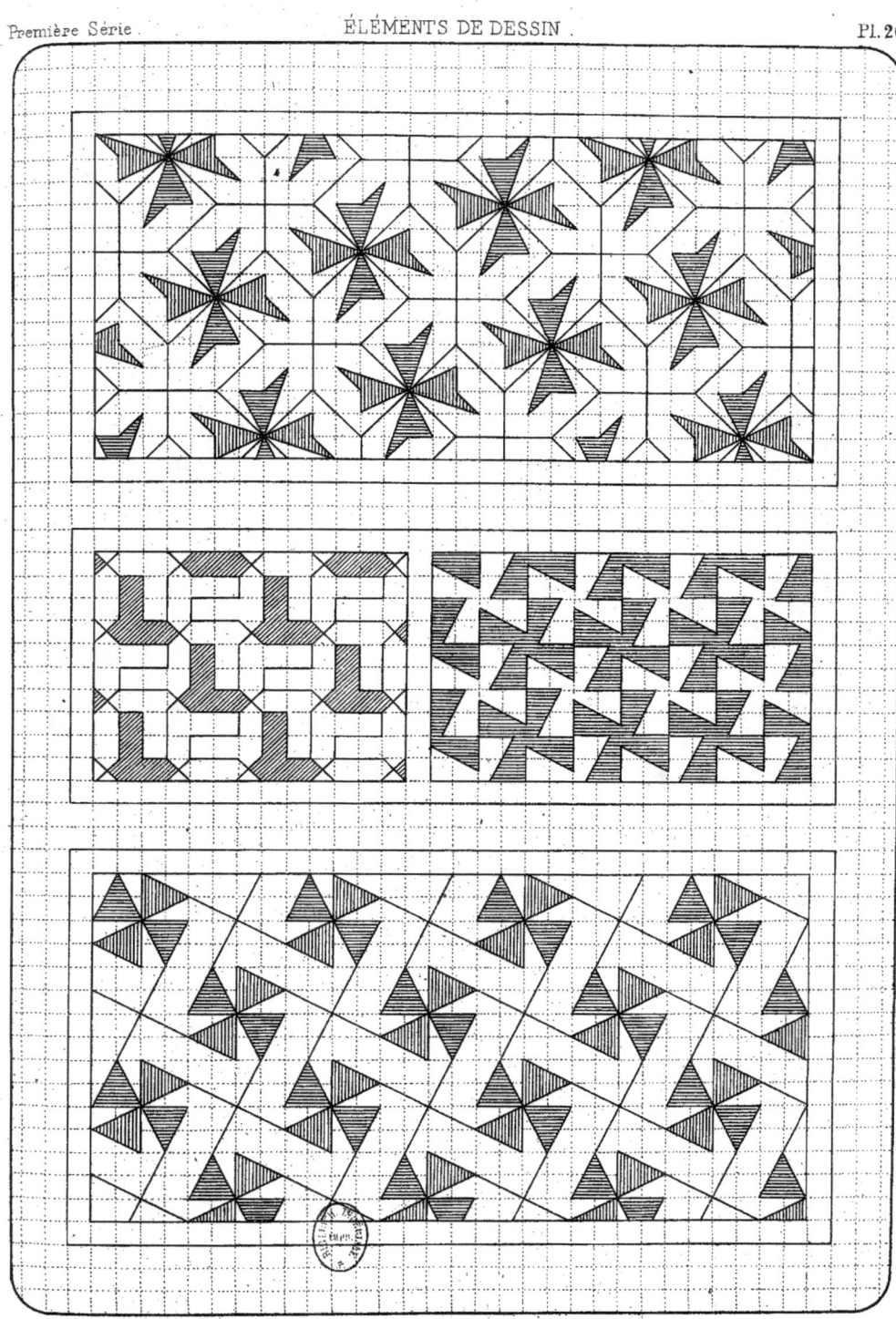

Librairie de L.HACHETTE & Cie Paris,
77, Boulev^d St Germain.

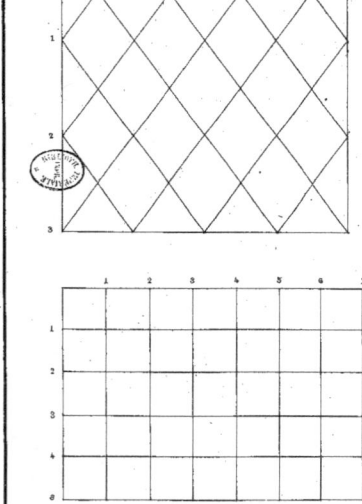

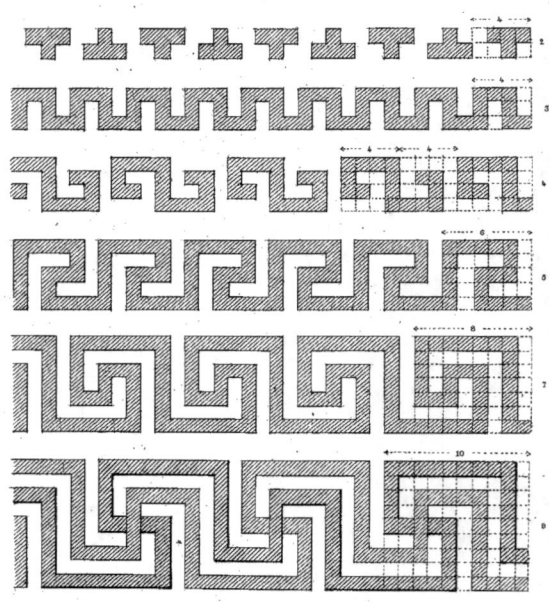

Librairie de L. HACHETTE & Cie Paris.
77, Boulevᵗ Sᵗ Germain.

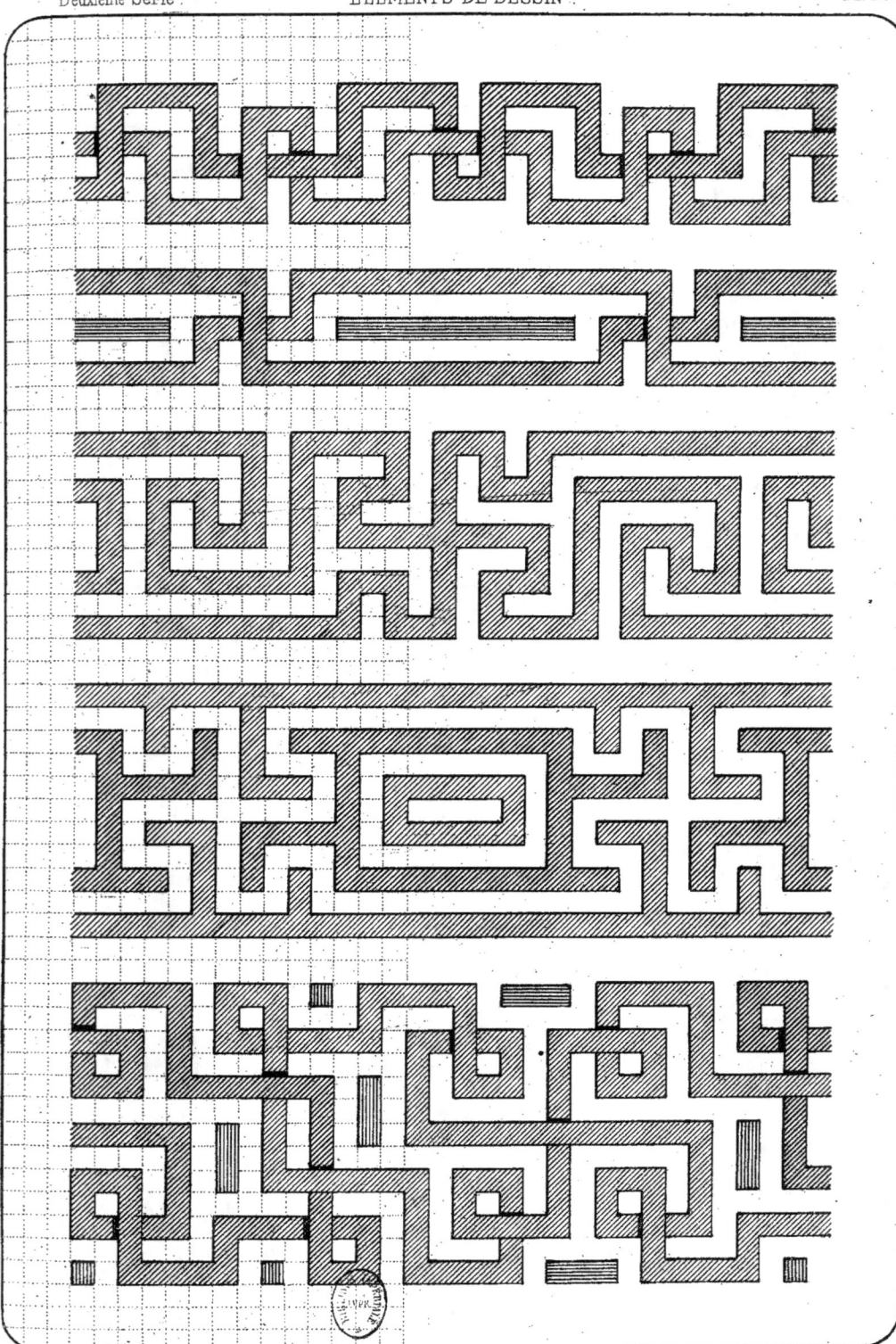

Librairie de L. HACHETTE & Cie Paris.
77, Boulevd St Germain.

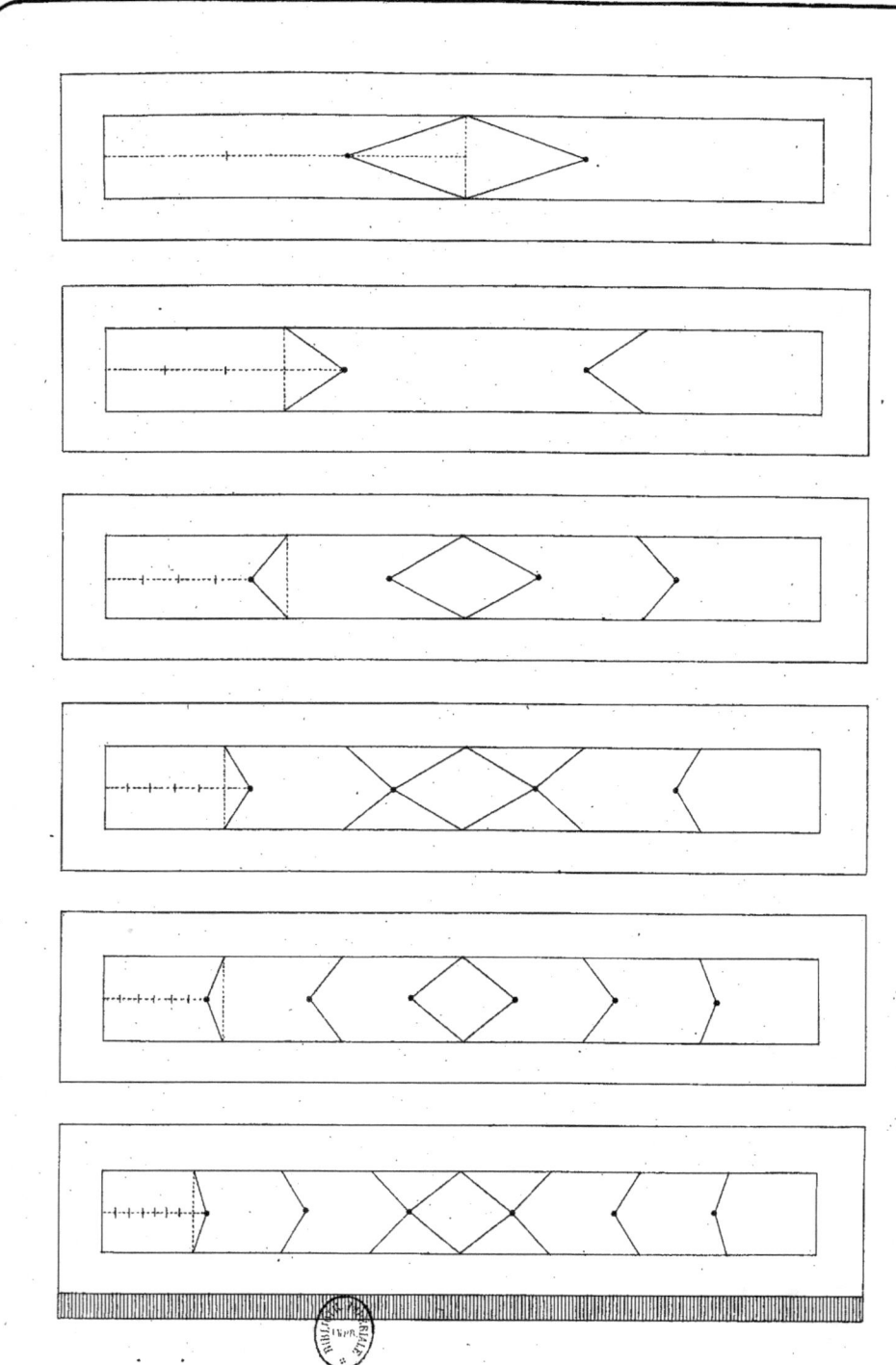

Librairie de L. HACHETTE & Cie Paris ,
77, Boulevd St Germain .

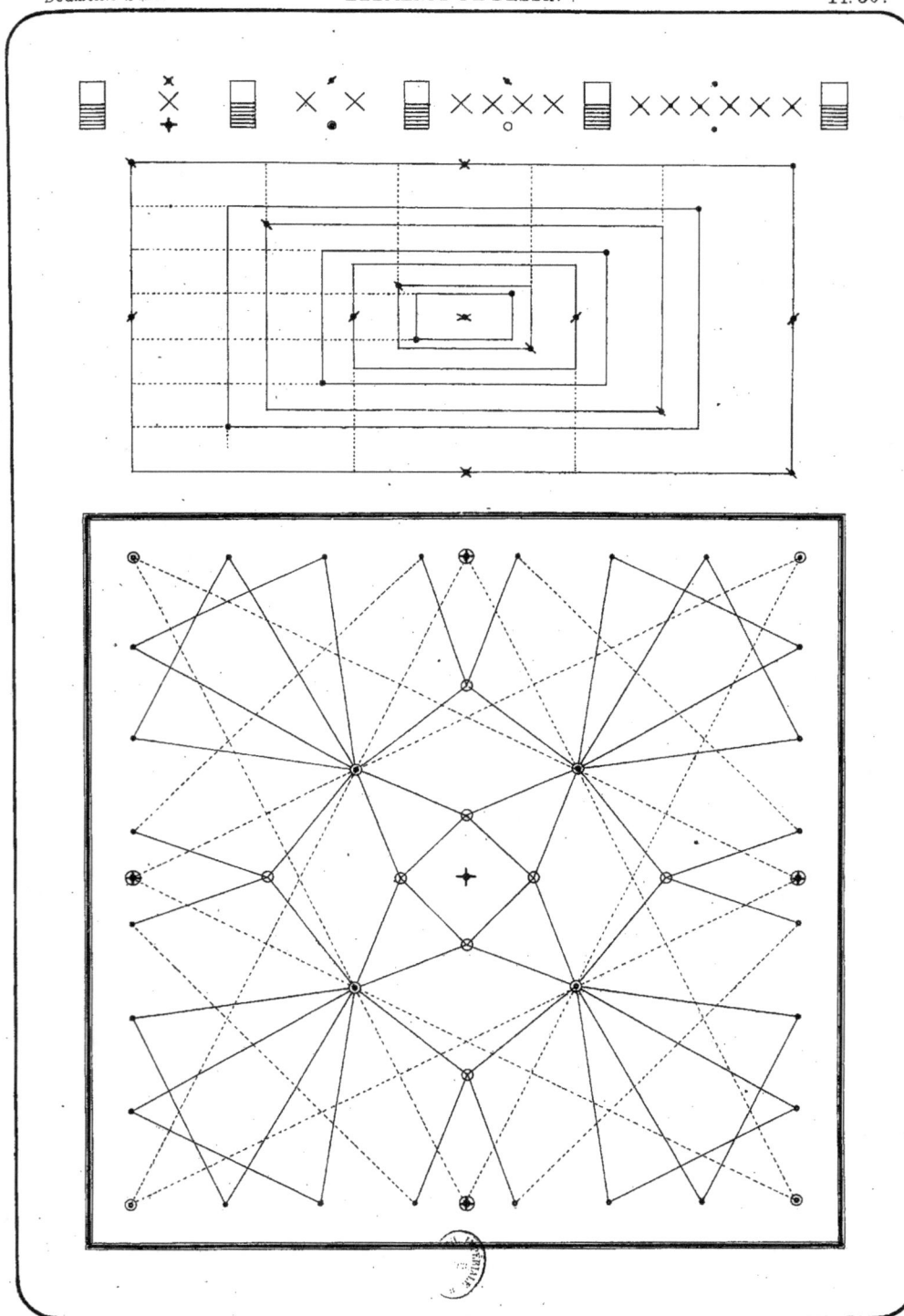

Librairie de L. HACHETTE & Cie Paris,
77, Boulevd St Germain.

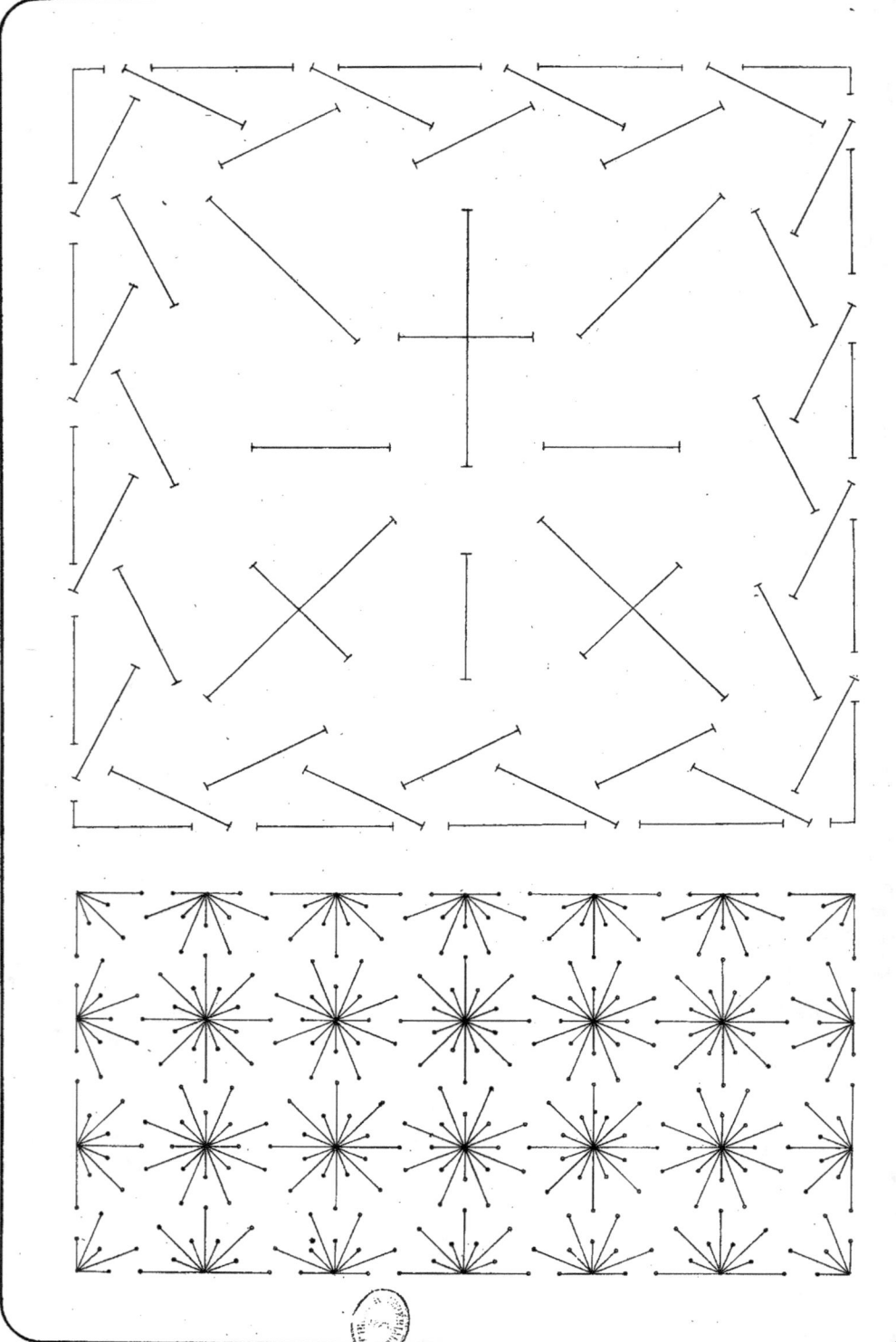

Librairie de L. HACHETTE & Cⁱᵉ Paris.
77, Boulevᵈ Sᵗ Germain.

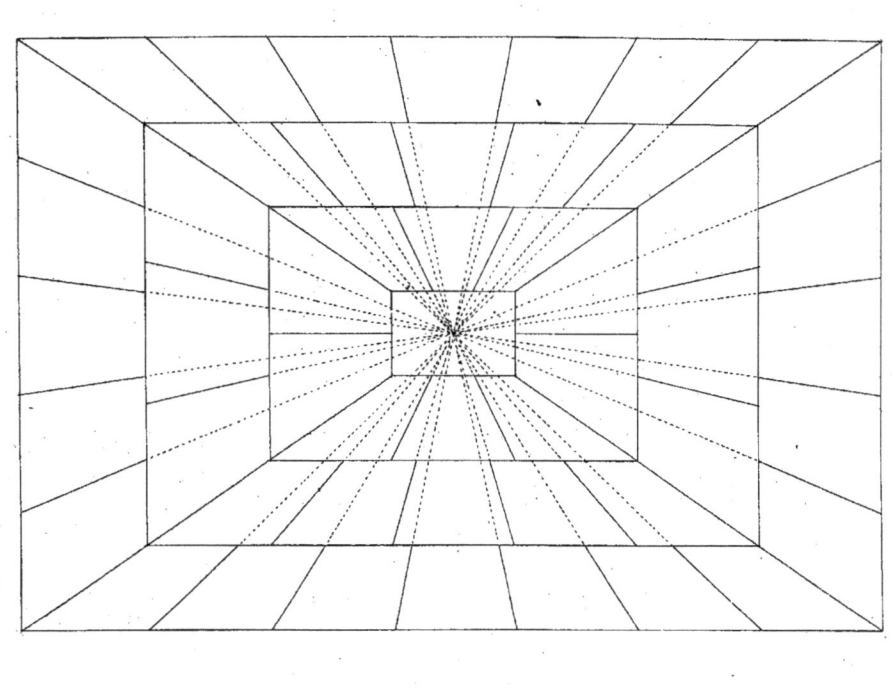

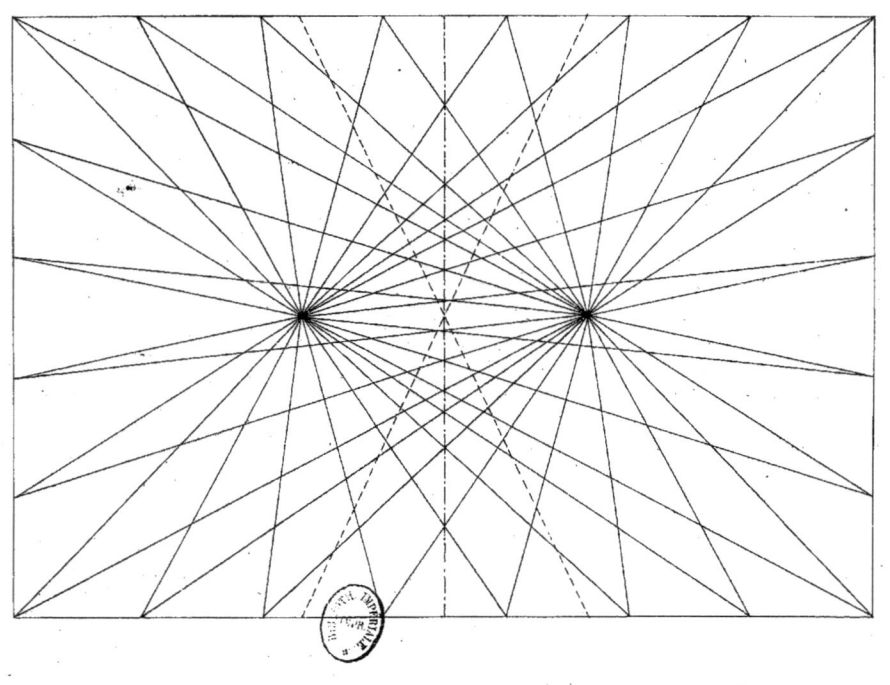

Librairie de L. HACHETTE & Cie Paris,
77. Boulevd St Germain.

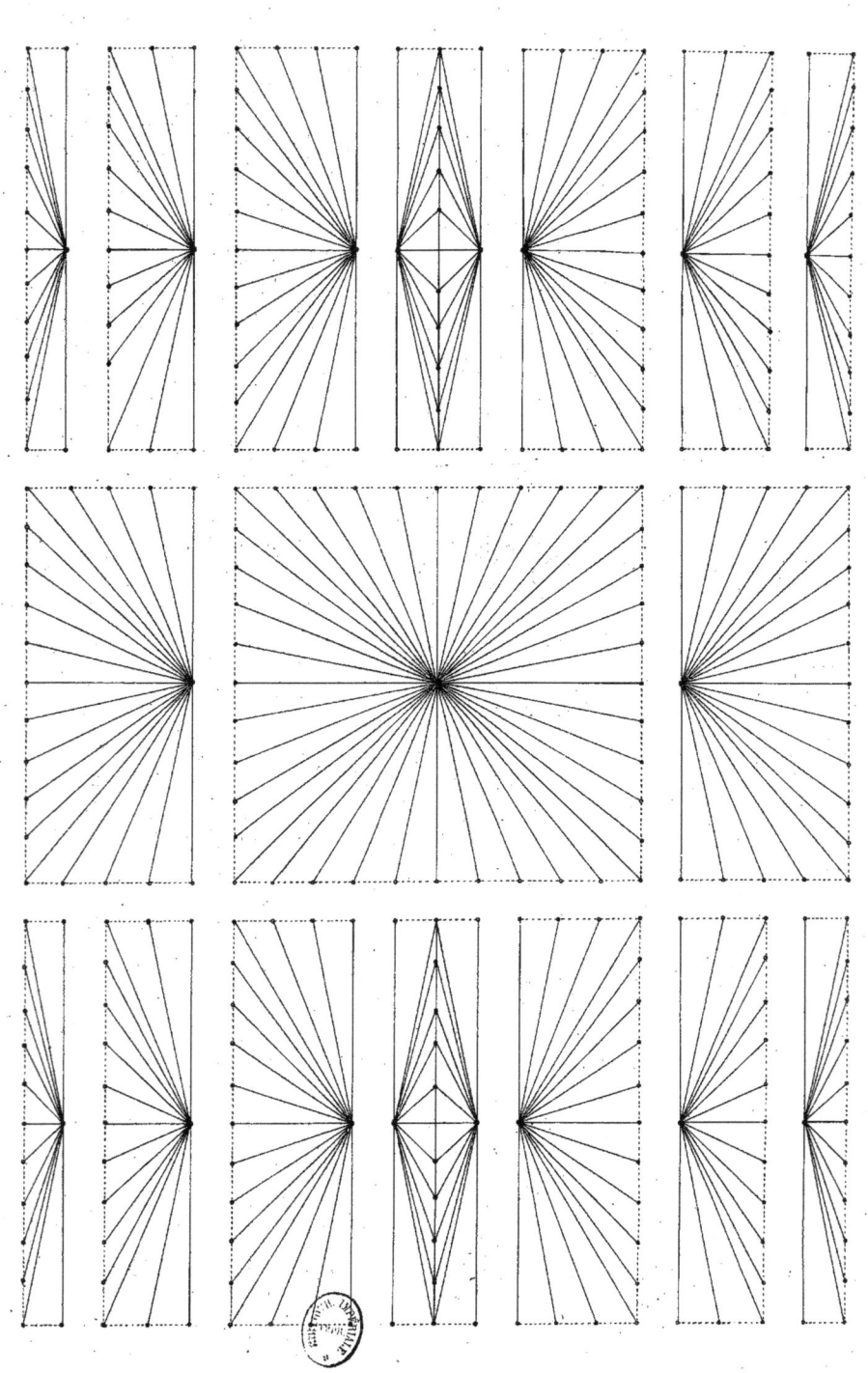

Librairie de L. HACHETTE & Cie Paris .
77, Boulevd St Germain .

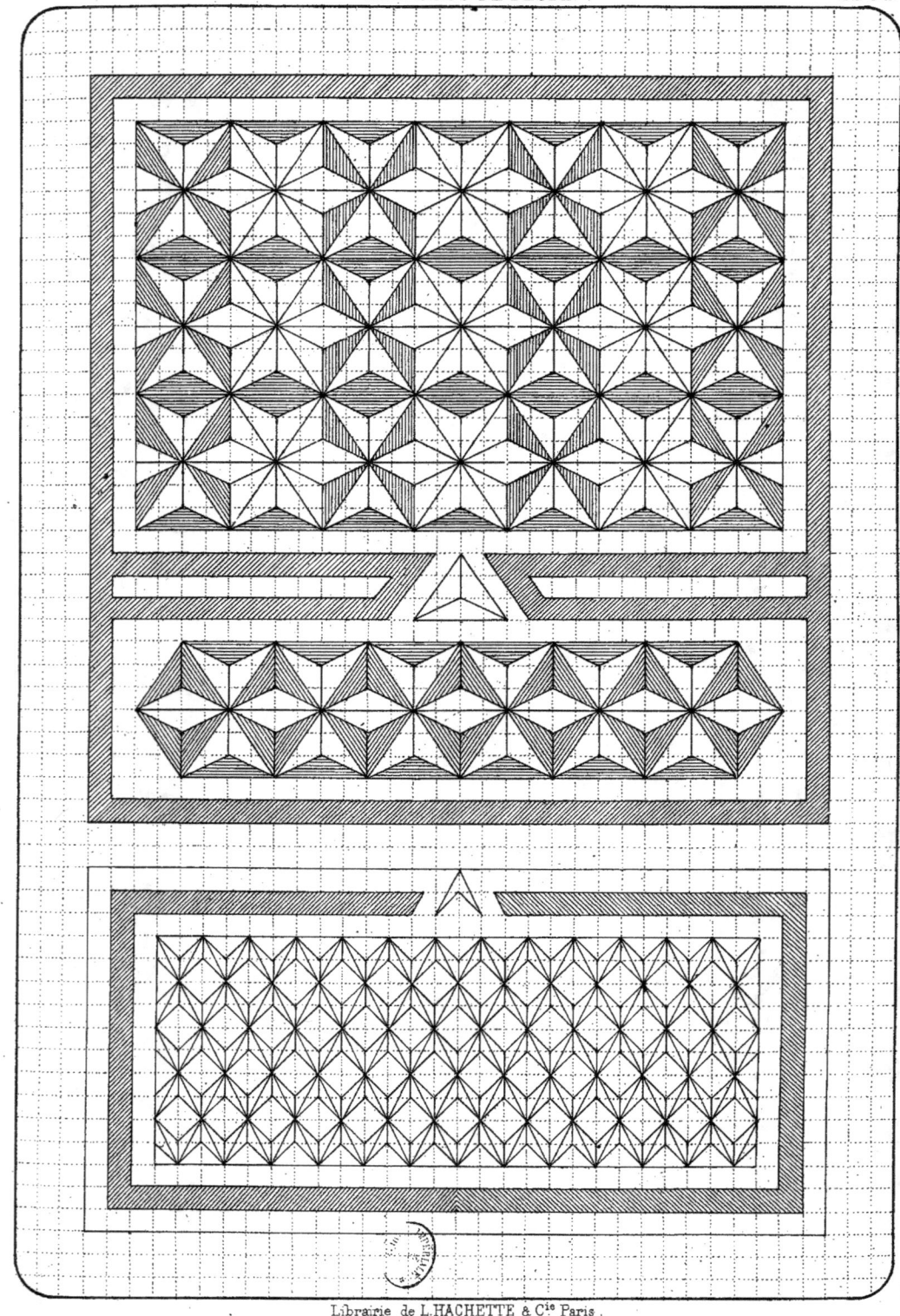

Librairie de L. HACHETTE & Cie Paris,
77, Boulevᵈ Sᵗ Germain.

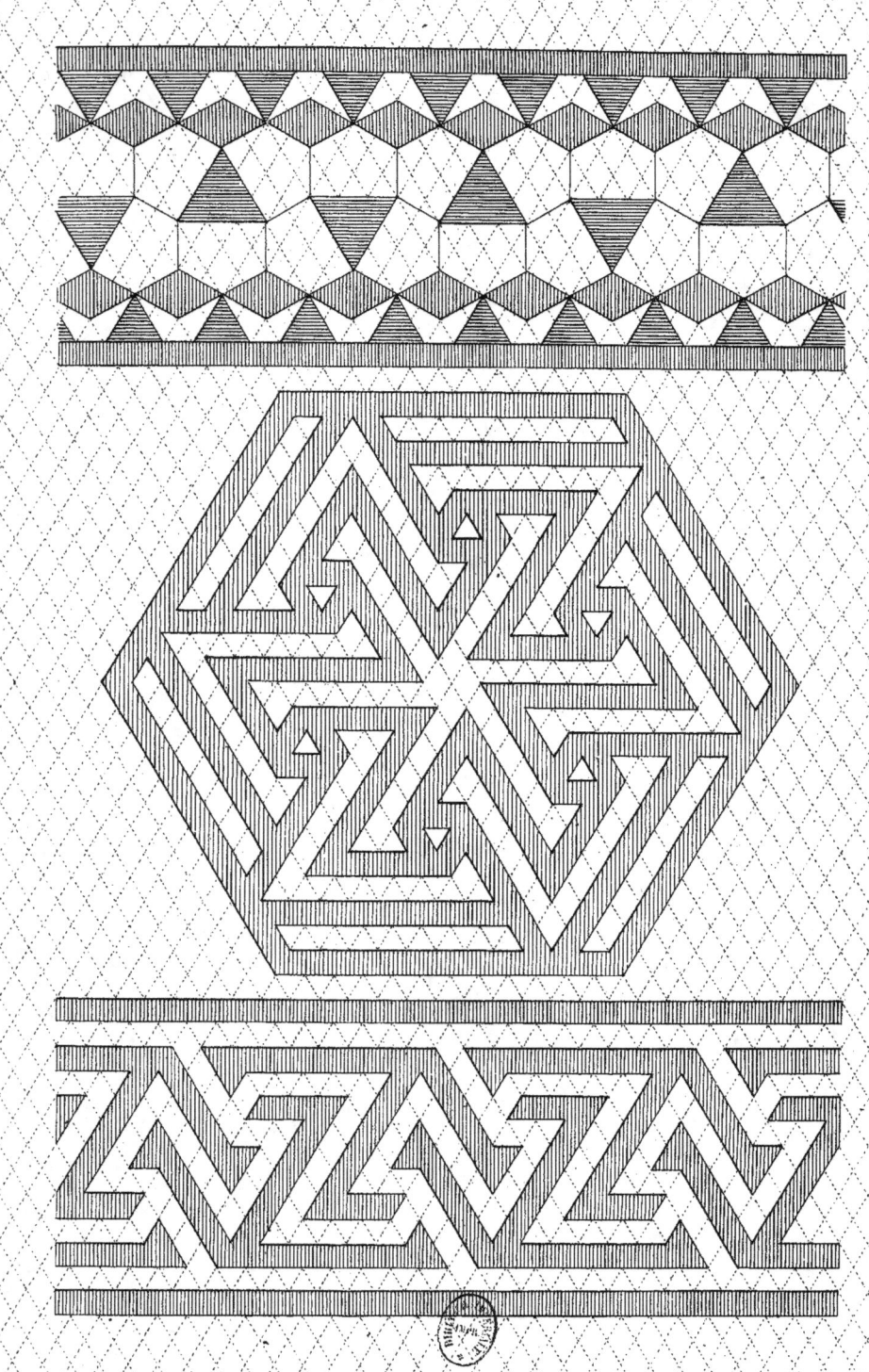

Librairie de L.HACHETTE & Cie Paris,
77, Boulevd. St Germain.

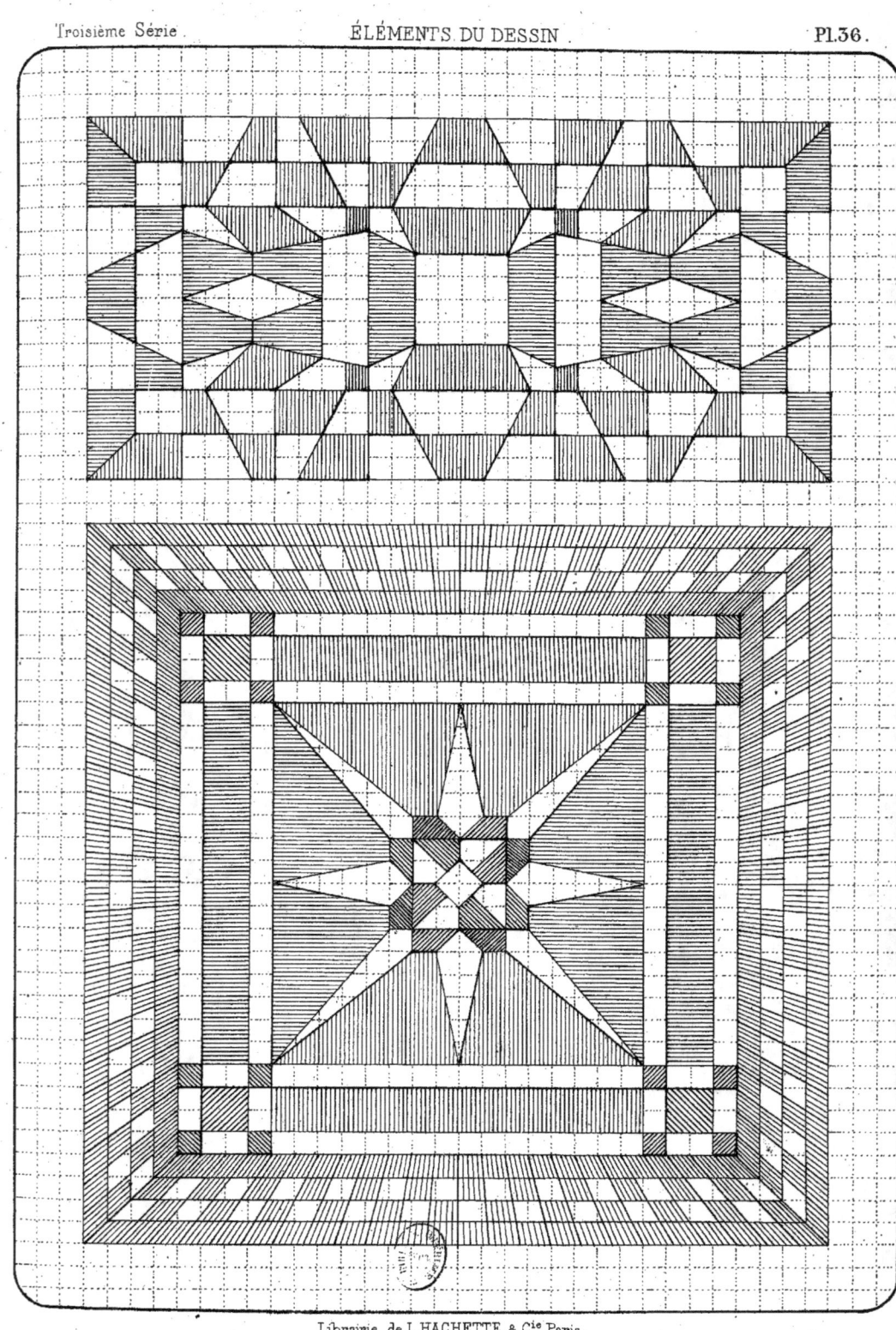

Librairie de L. HACHETTE & Cie Paris.
77, Boulevd St. Germain.

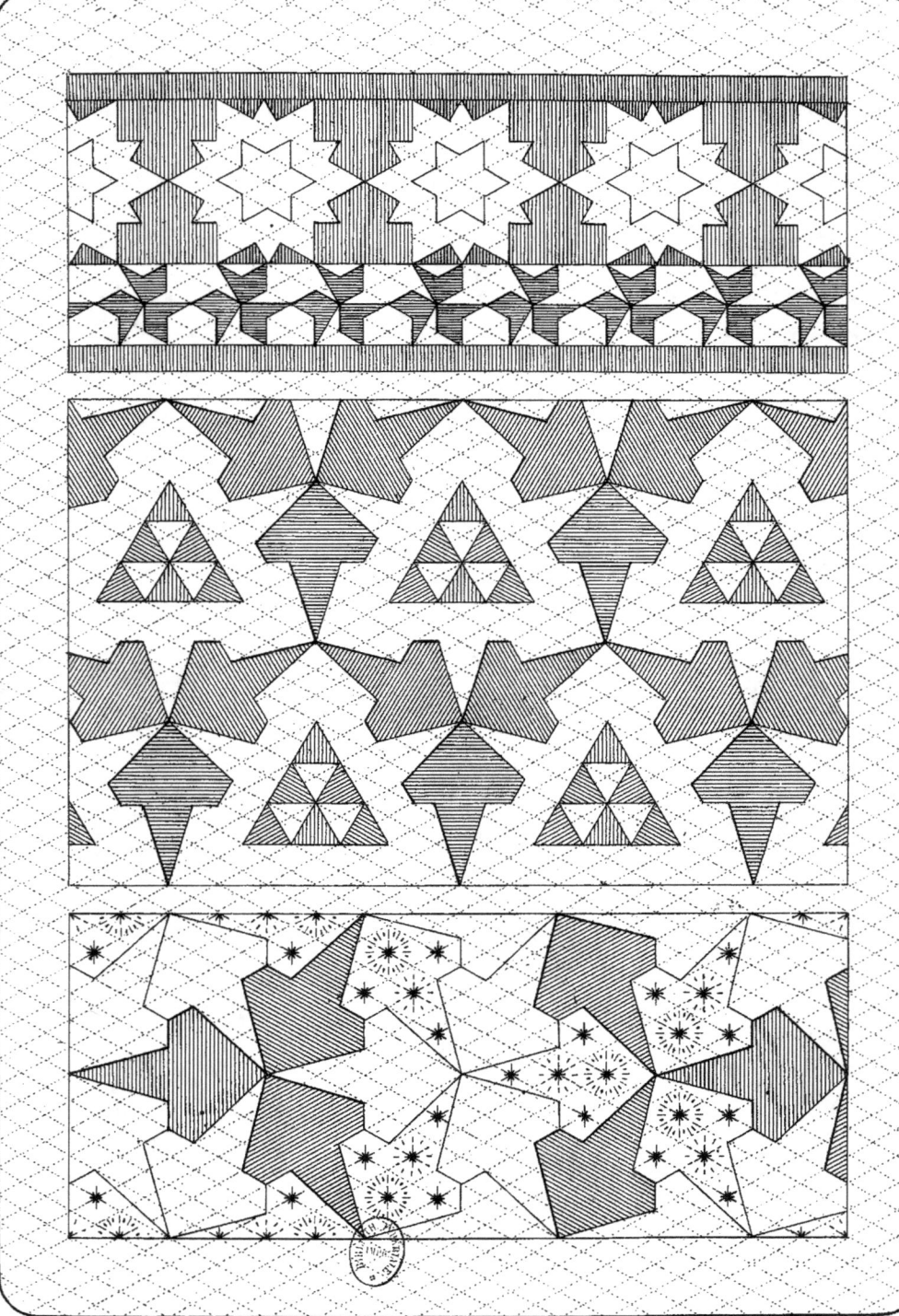

Librairie de L. HACHETTE & Cie Paris,
77, Boulevd St Germain.

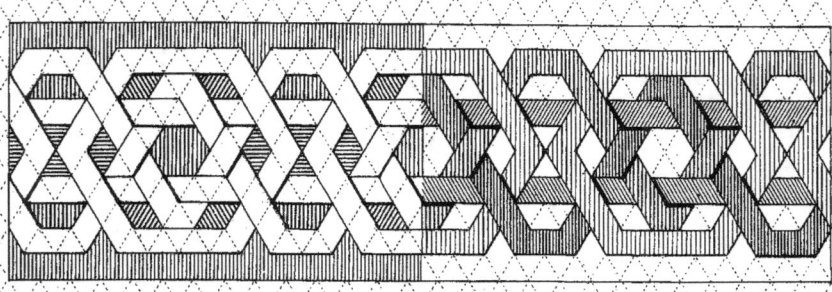

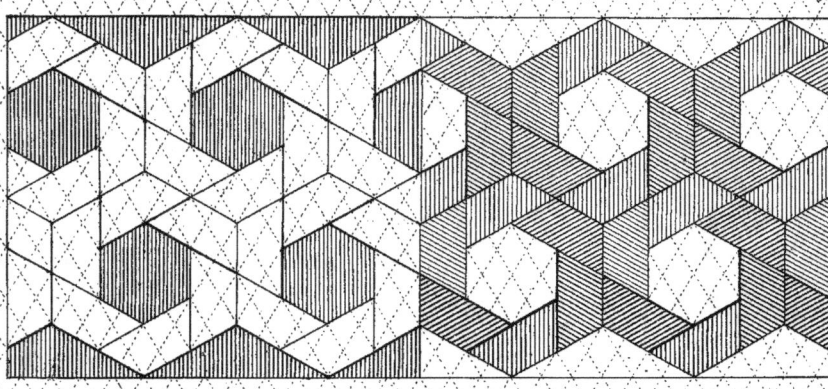

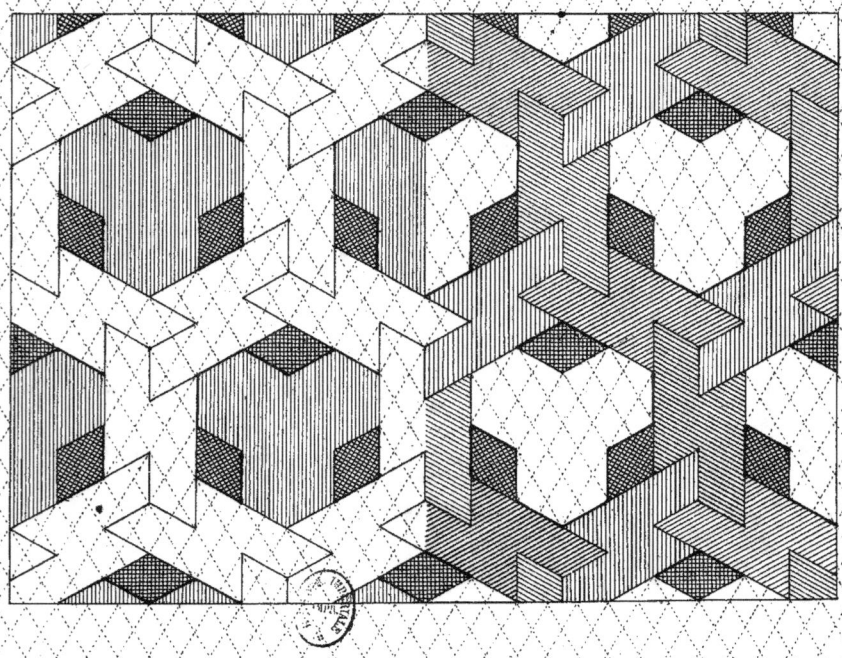

Librairie de L.HACHETTE & Cie Paris
77, Boulevd St Germain.

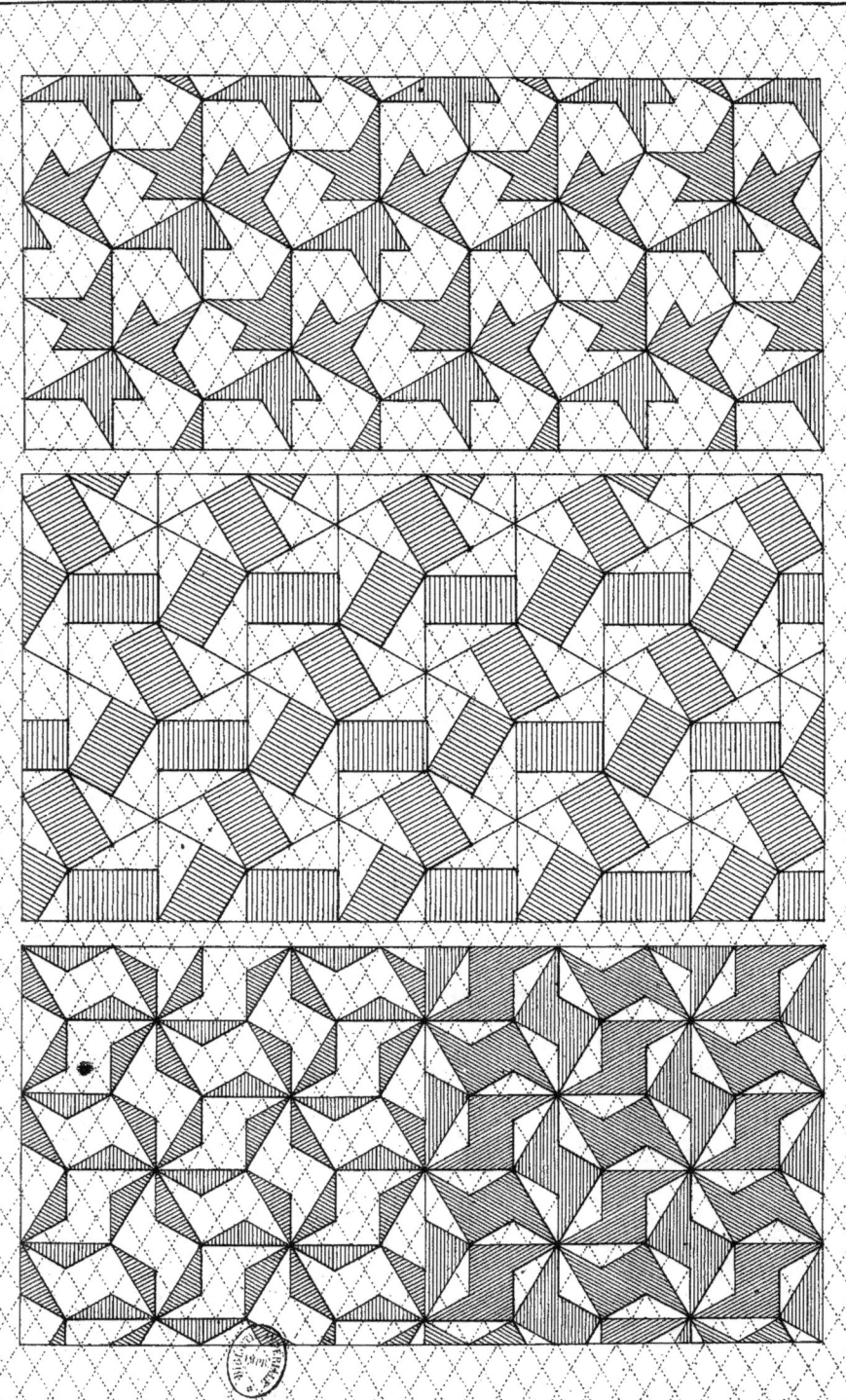

Librairie de L. HACHETTE & Cie Paris,
77, Boulevᵈ Sᵗ Germain.

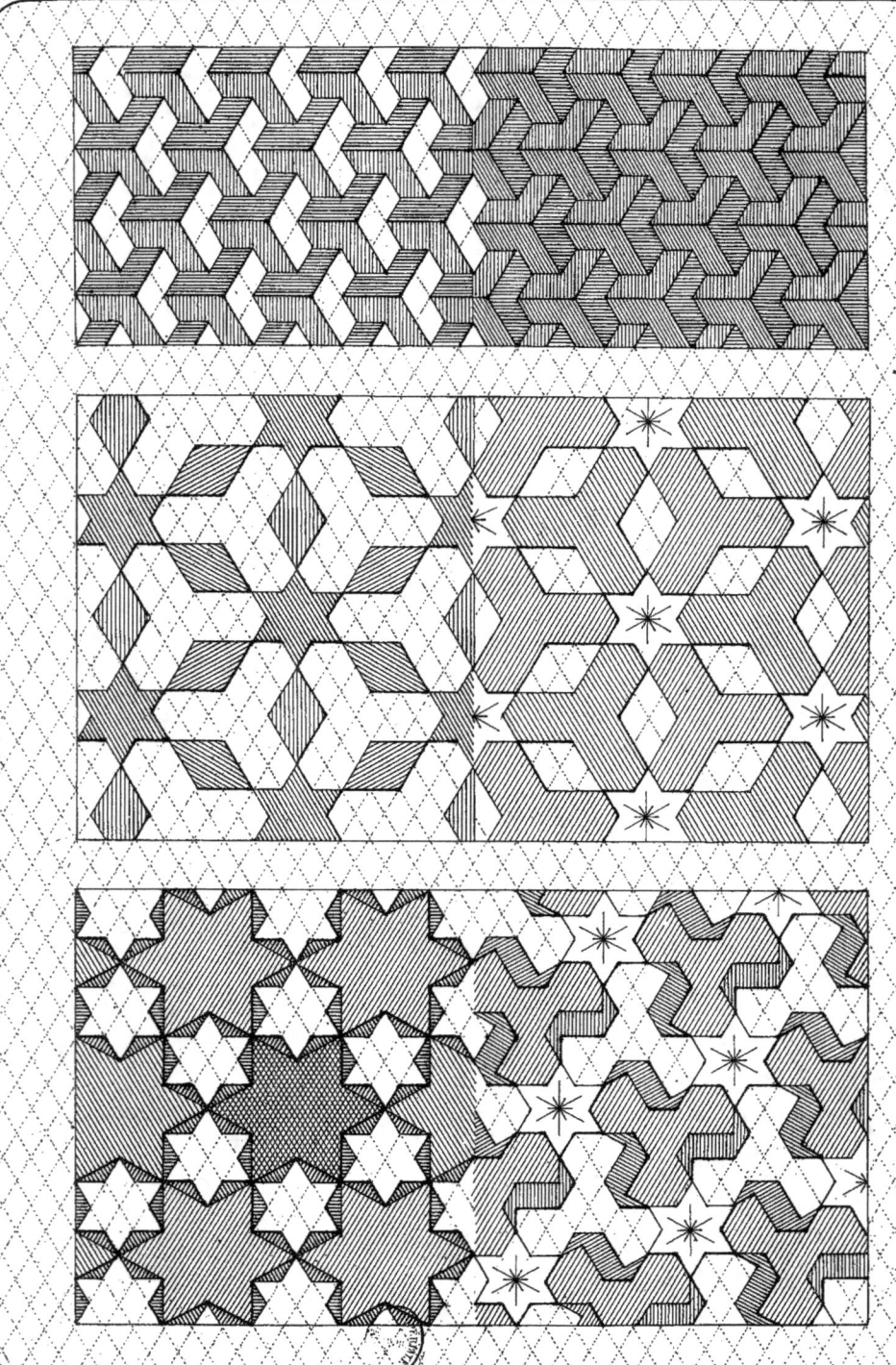

Librairie de L.HACHETTE & Cie Paris.
77, Boulevd St Germain.

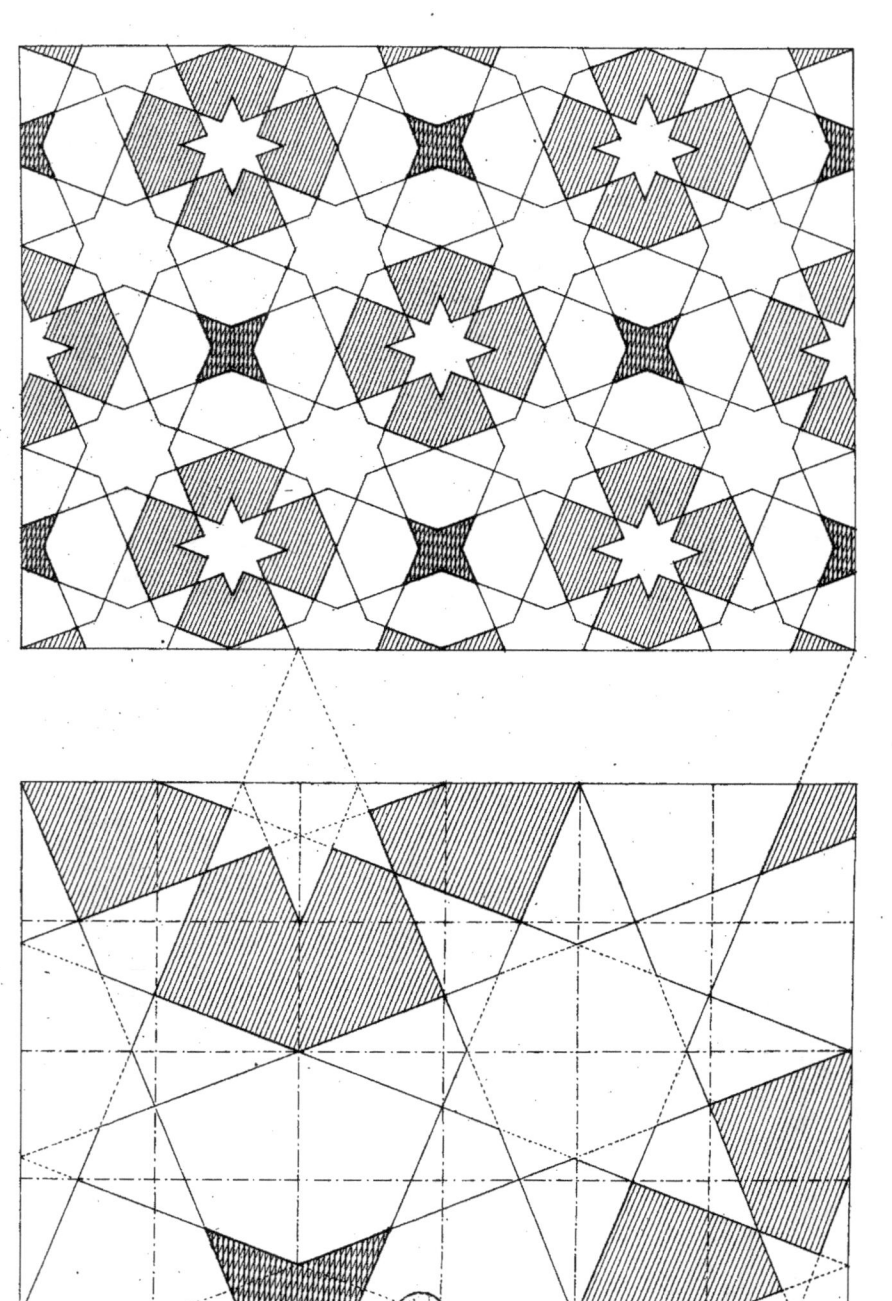

Librairie de L. HACHETTE & Cⁱᵉ Paris.
77, Boulevᵈ Sᵗ Germain.

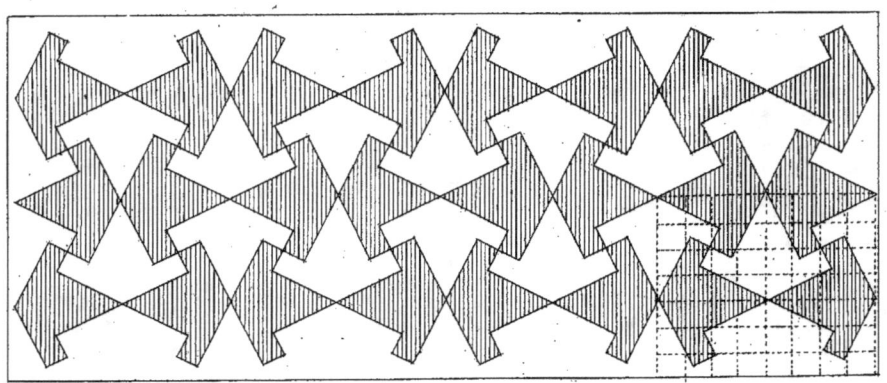

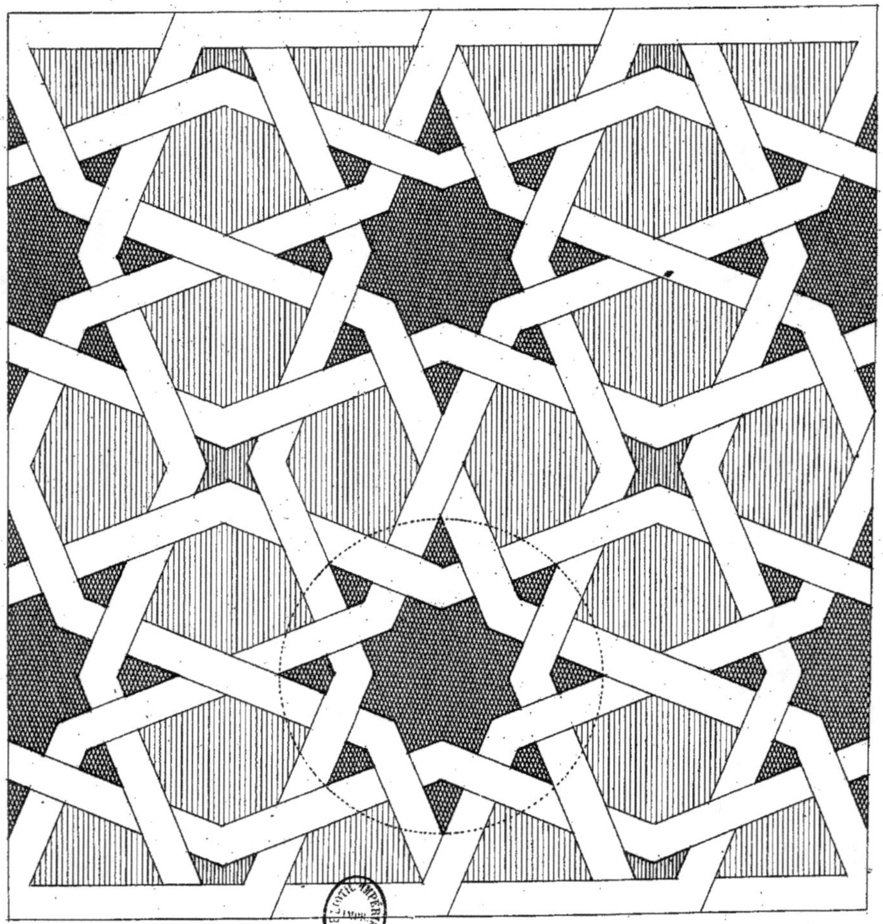

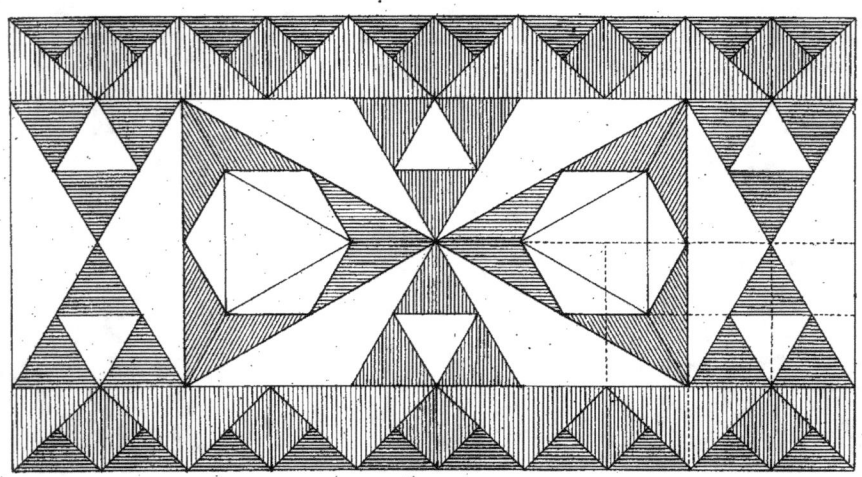

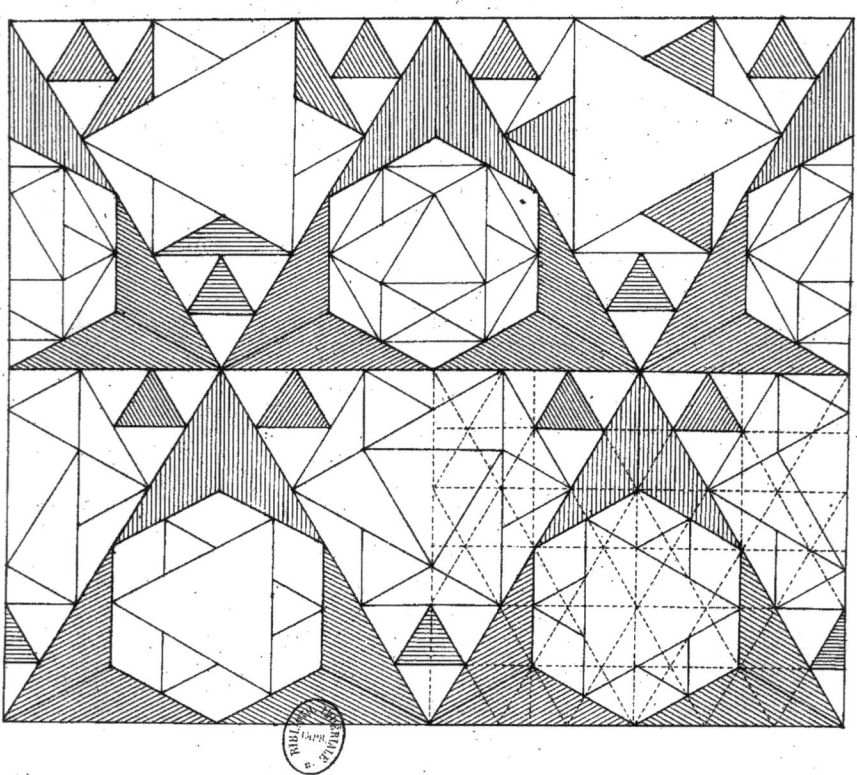

Librairie de L. HACHETTE & Cie Paris.
77, Boulevd St Germain.

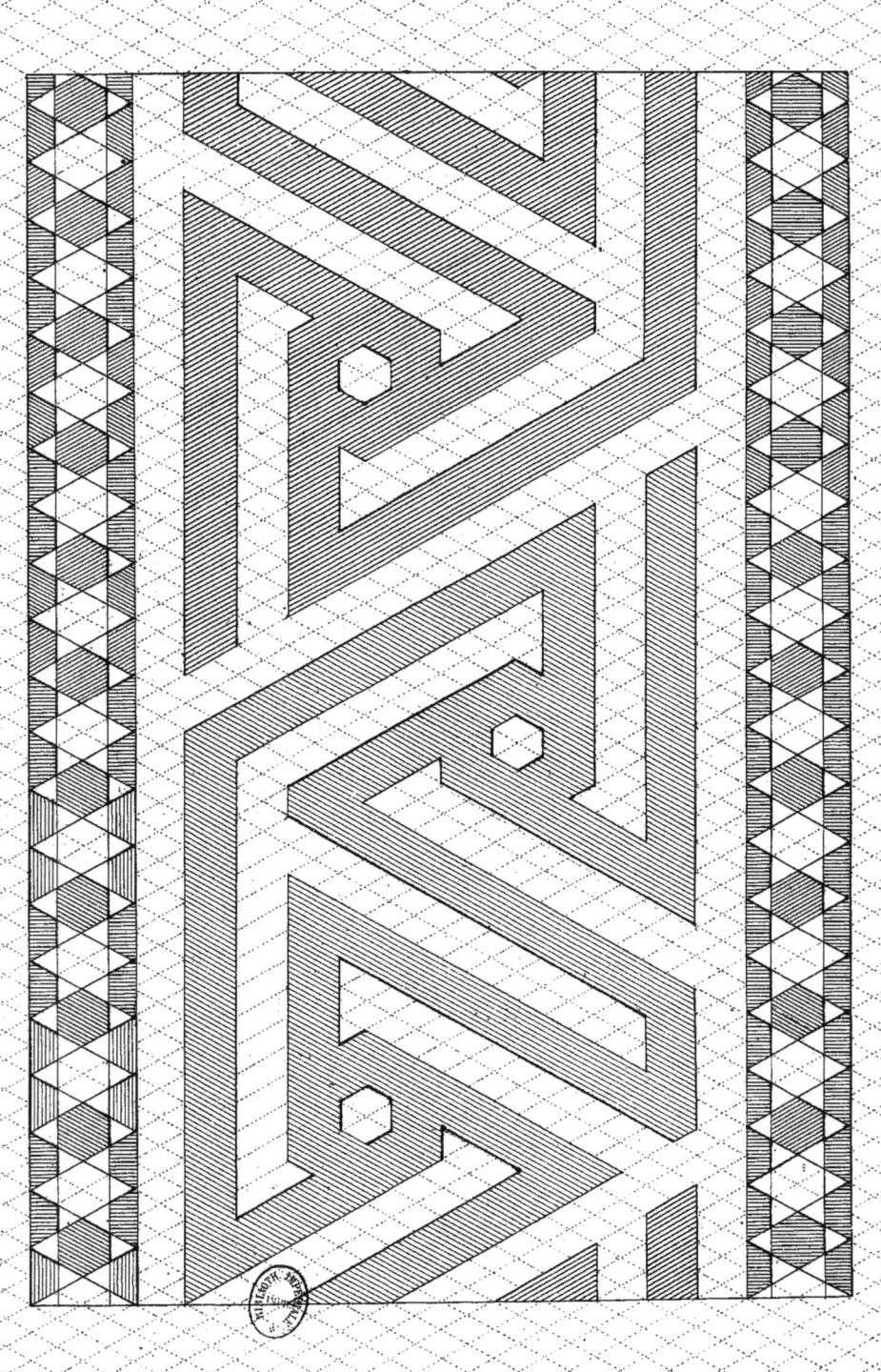

Librairie de L. HACHETTE & Cie Paris,
77, Boulevᵈ Sᵗ Germain.

Librairie de L. HACHETTE & Cie Paris ,
77, Boulevd St Germain

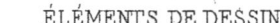

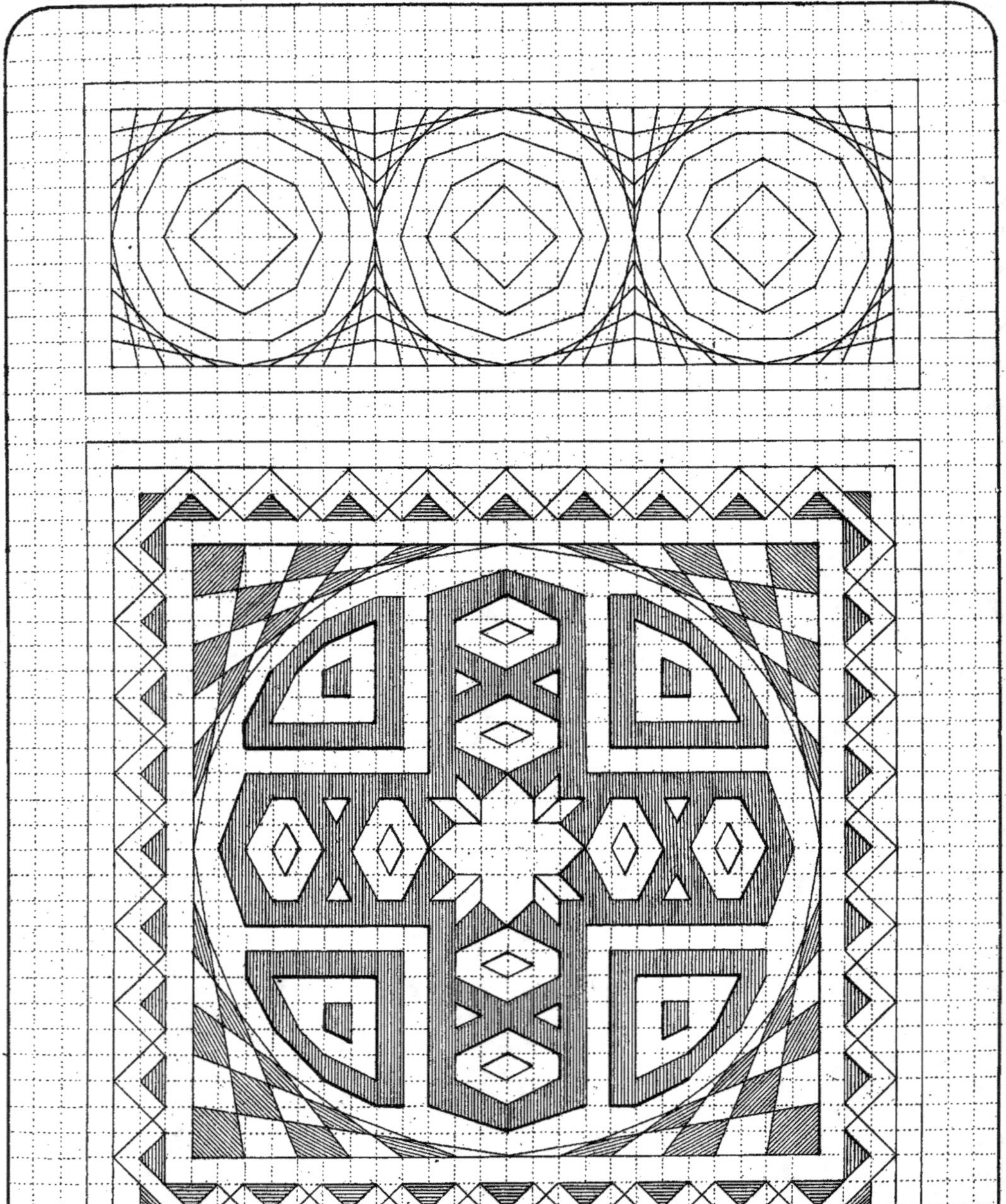

Librairie de L. HACHETTE & Cie Paris,
77, Boulevd St Germain.

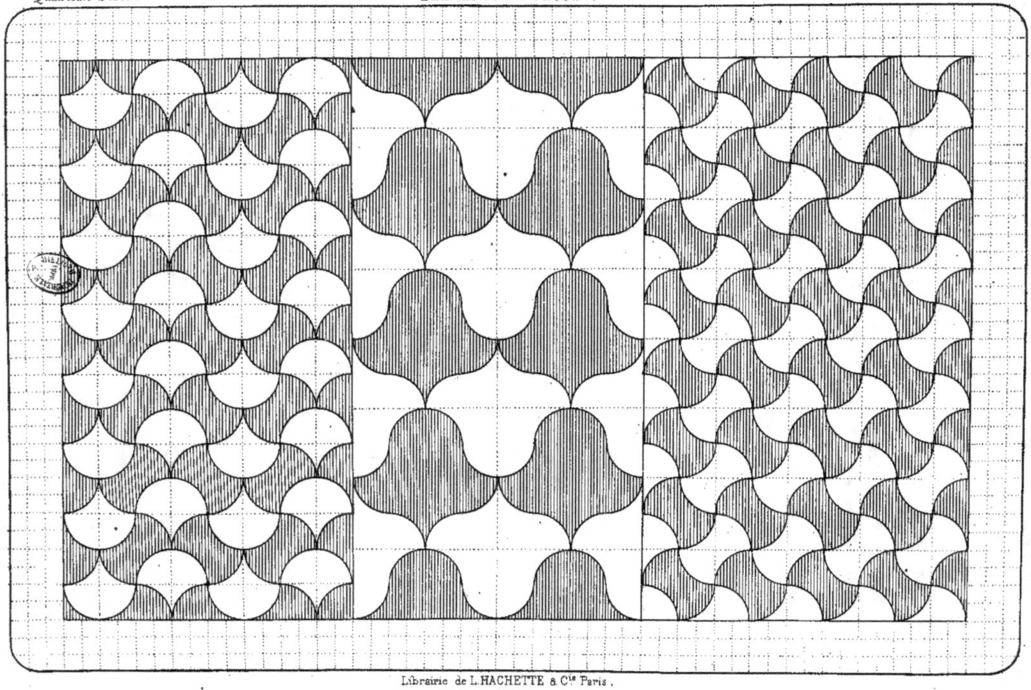

Librairie de L. HACHETTE & Cie Paris,
77. Boulevd St Germain.

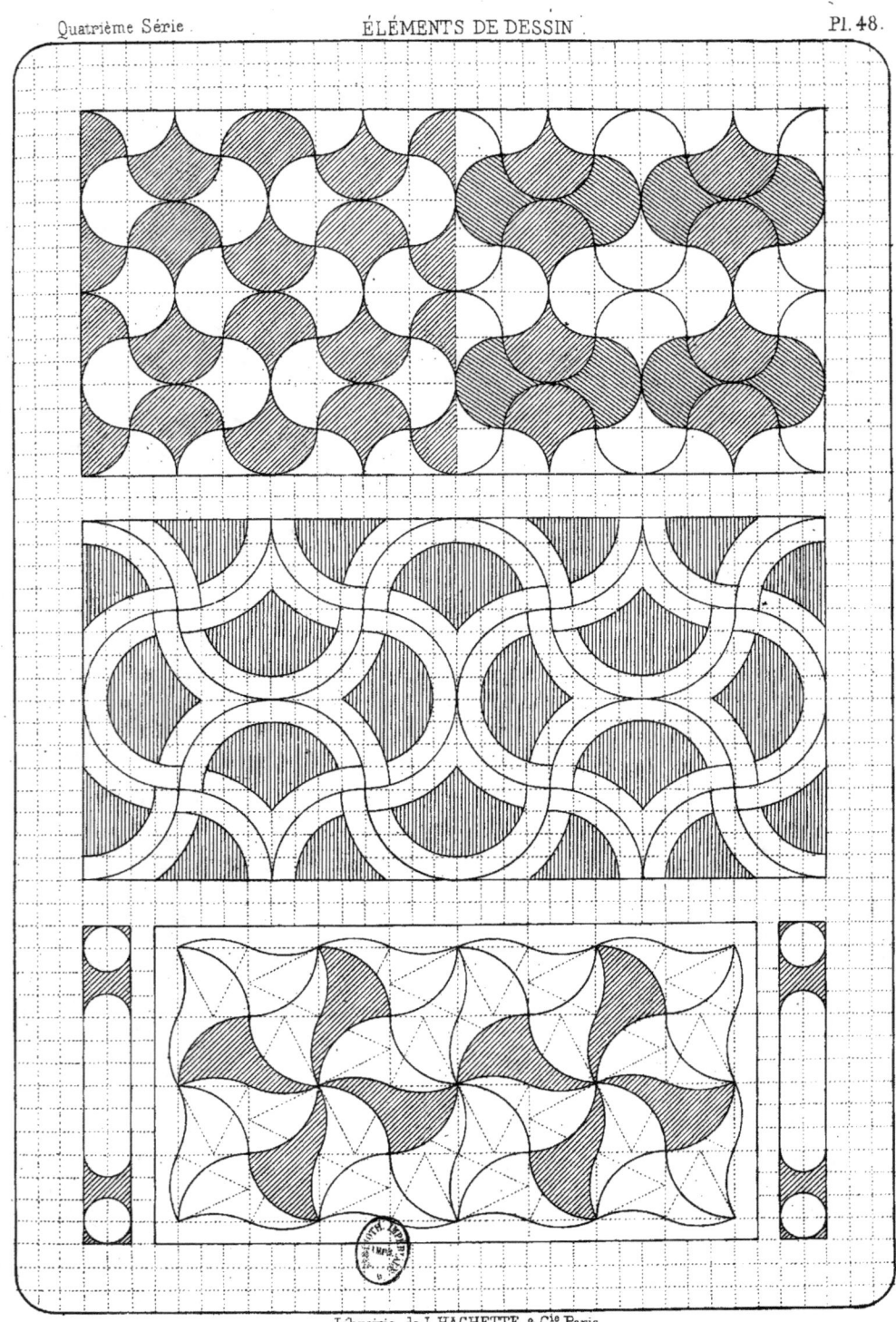

Librairie de L.HACHETTE & Cie Paris,
77, Boulevd St Germain.

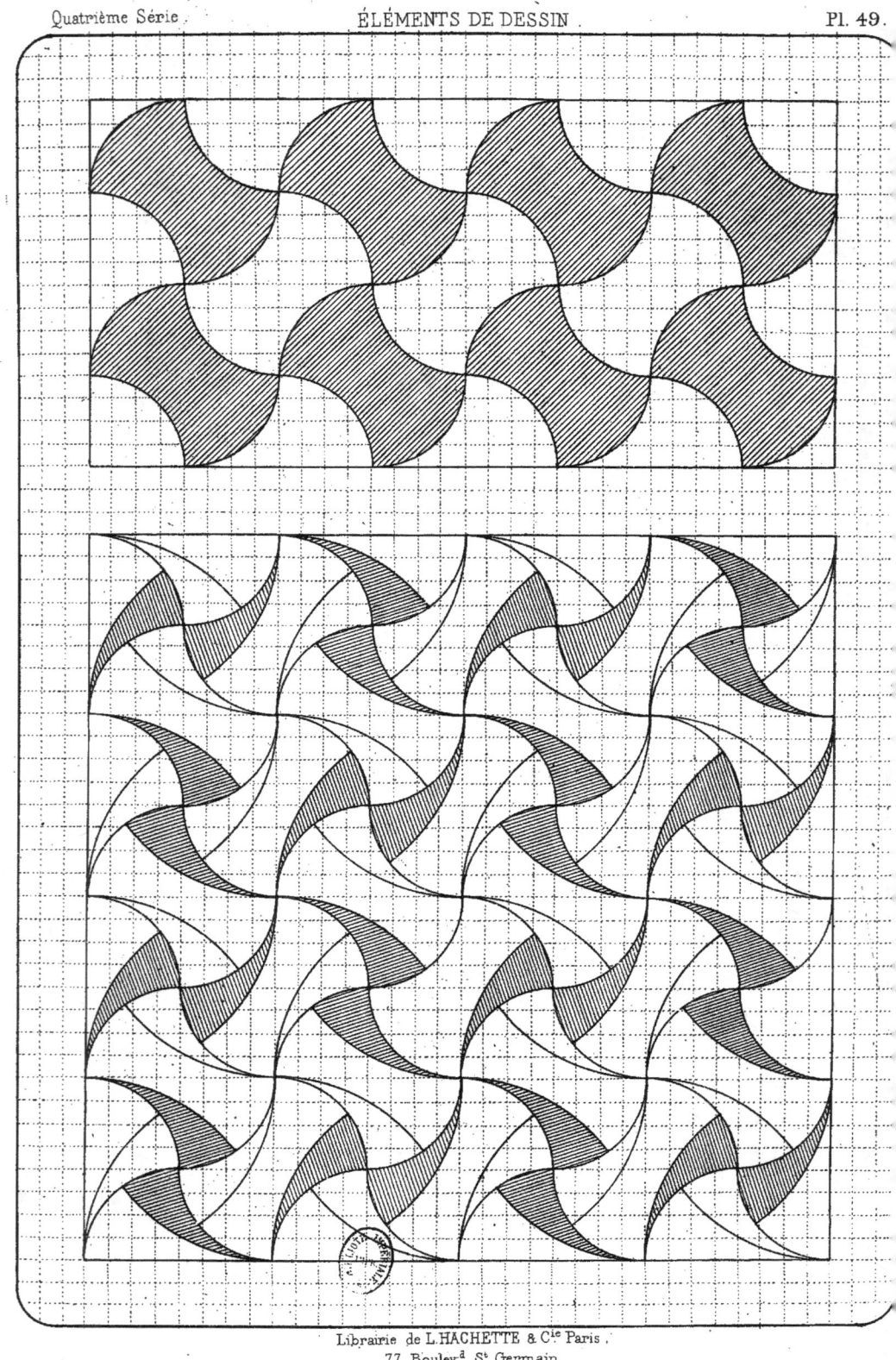

Librairie de L.HACHETTE & Cie Paris .
77, Boulev.^d St Germain .

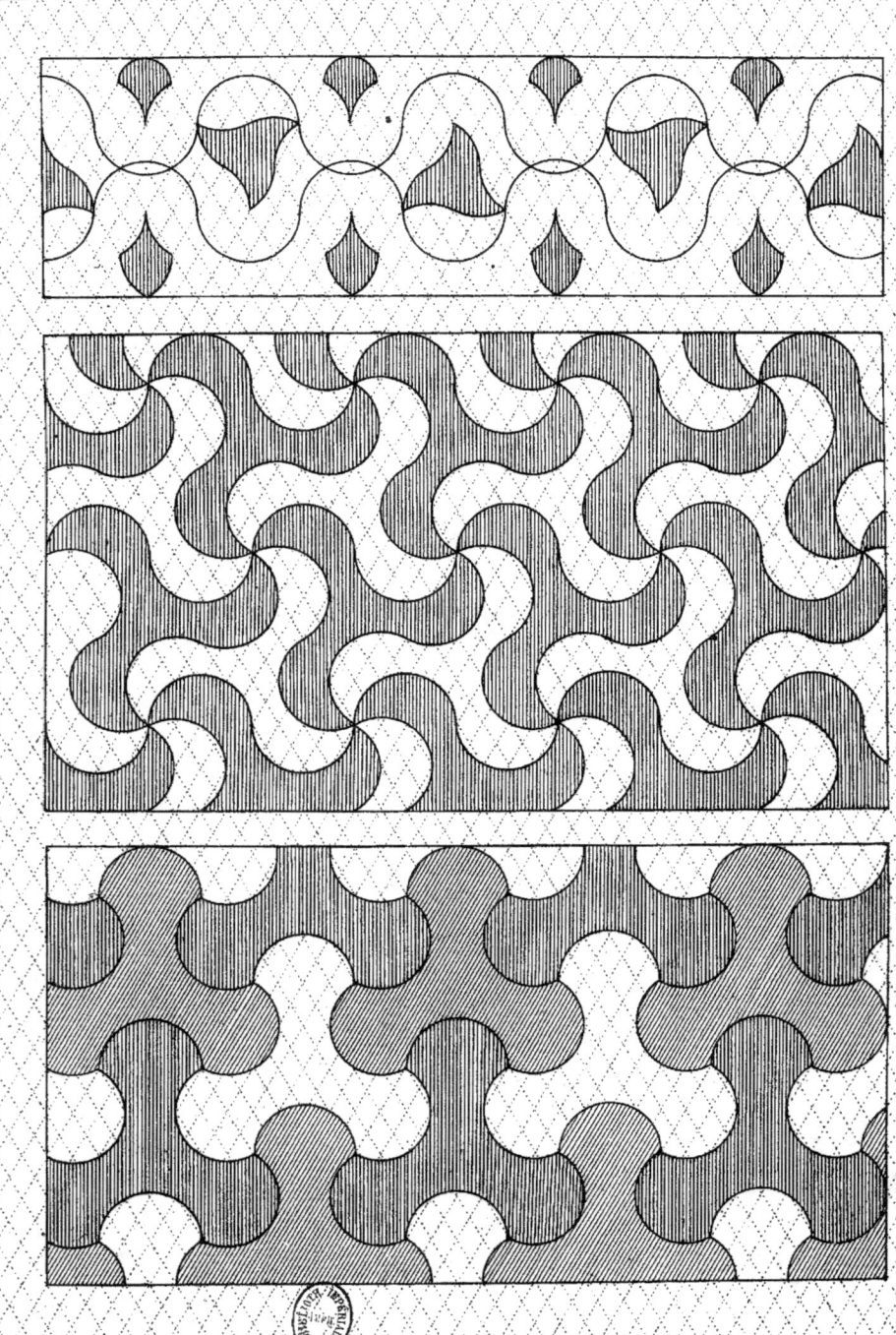

Librairie de L. HACHETTE & Cie Paris.
77, Bouleva St Germain.

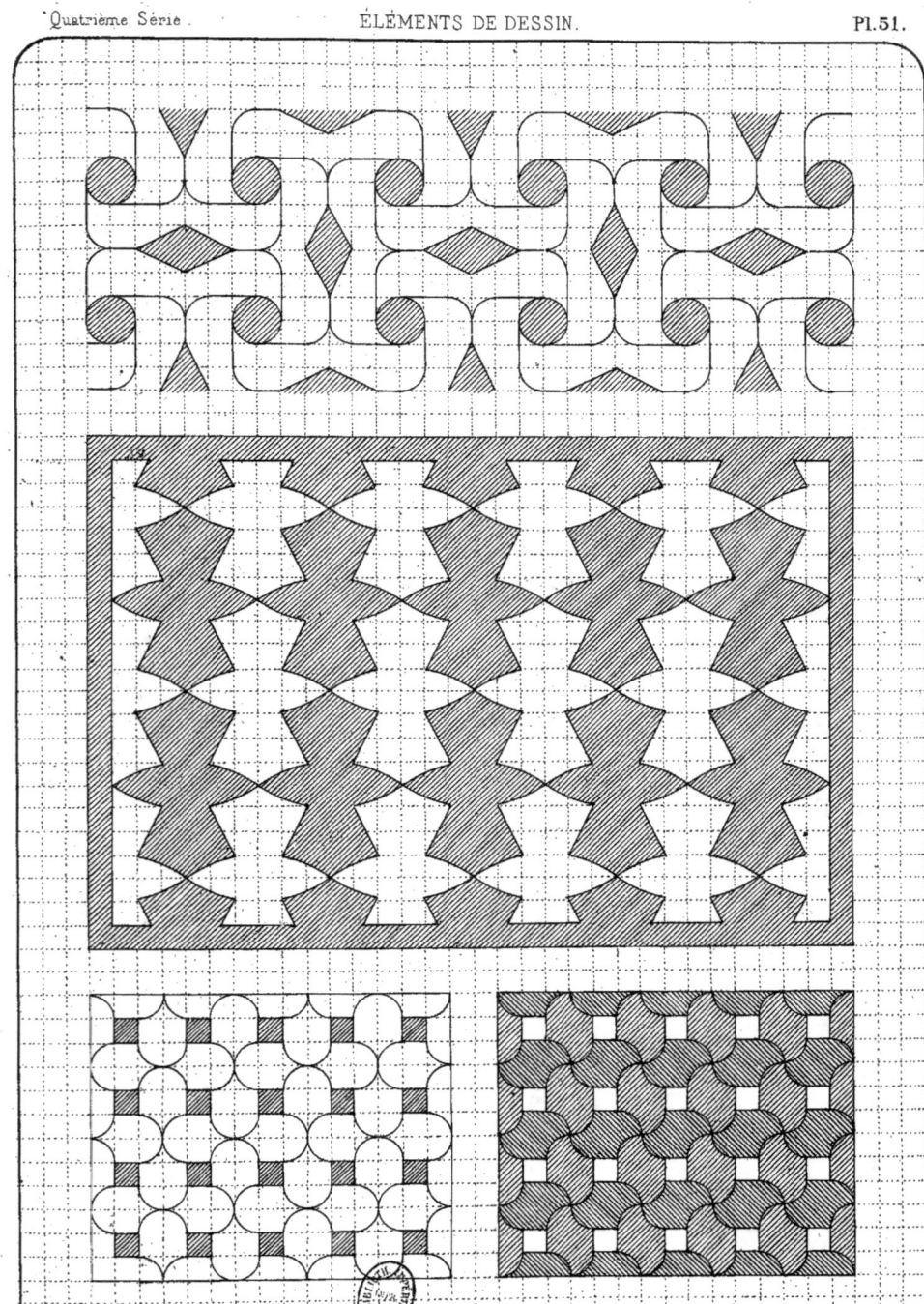

Librairie de L.HACHETTE & Cie Paris
77, Boulevd St. Germain.

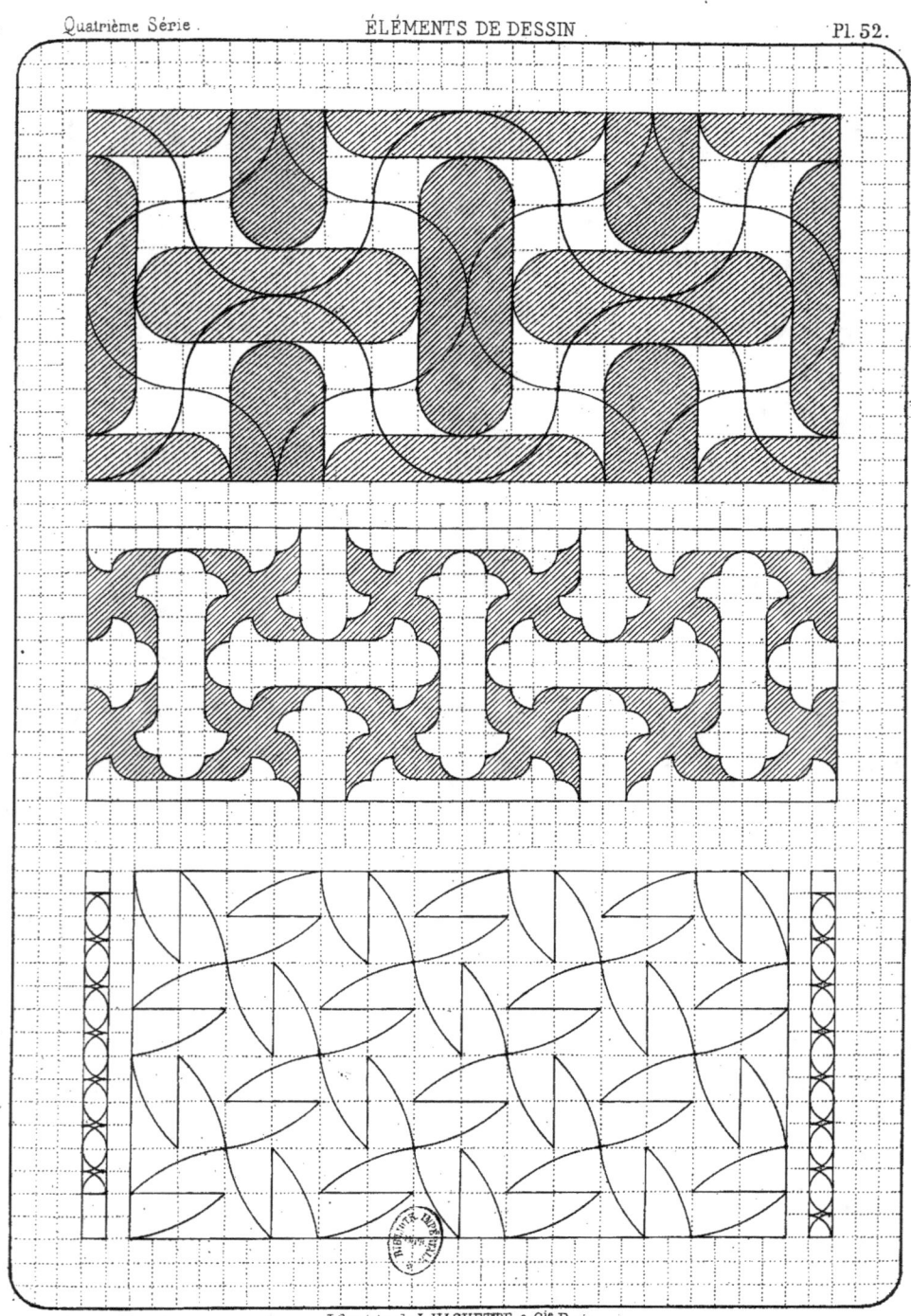

Librairie de L. HACHETTE & C.ie Paris .
77, Boulev.d S.t Germain .

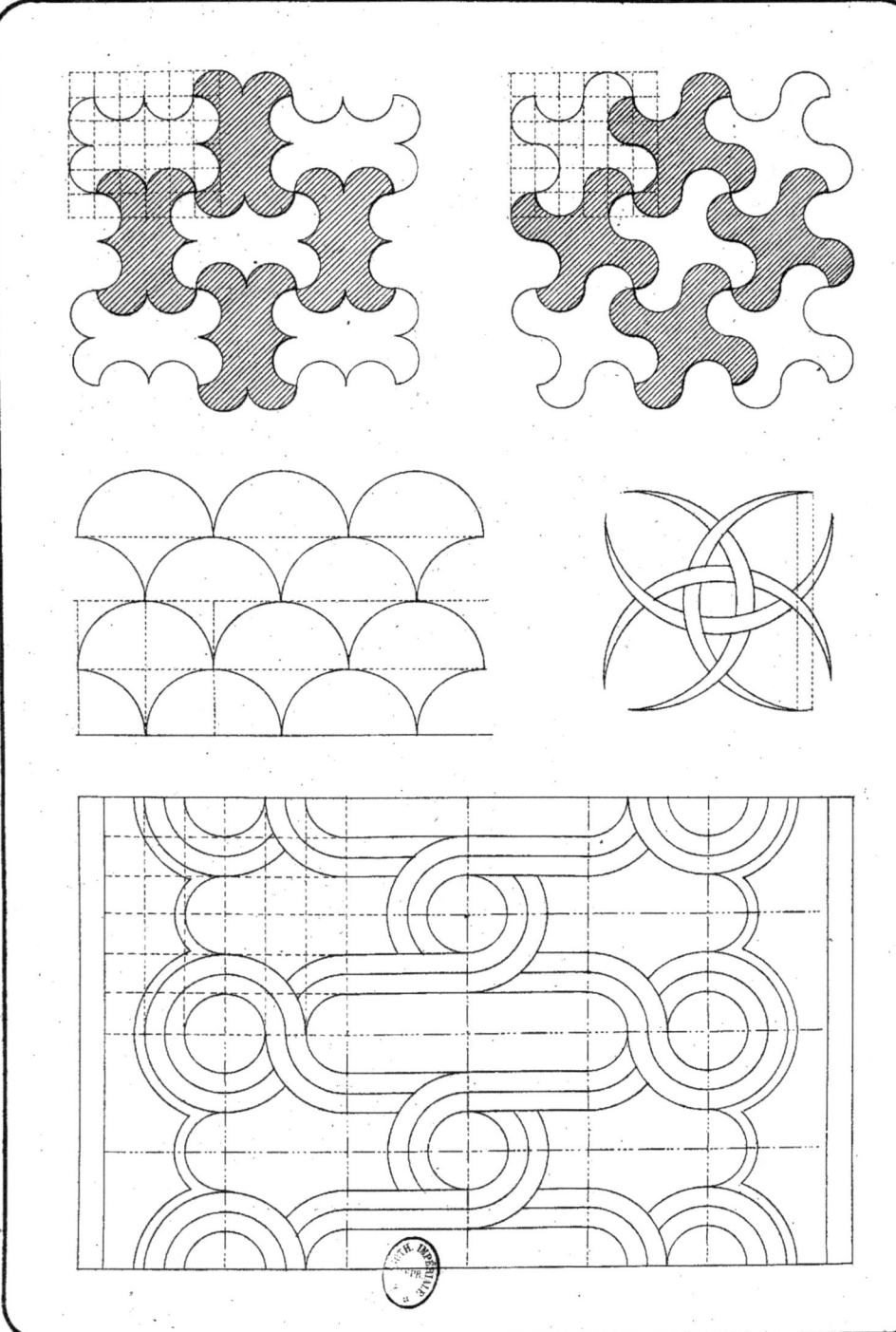

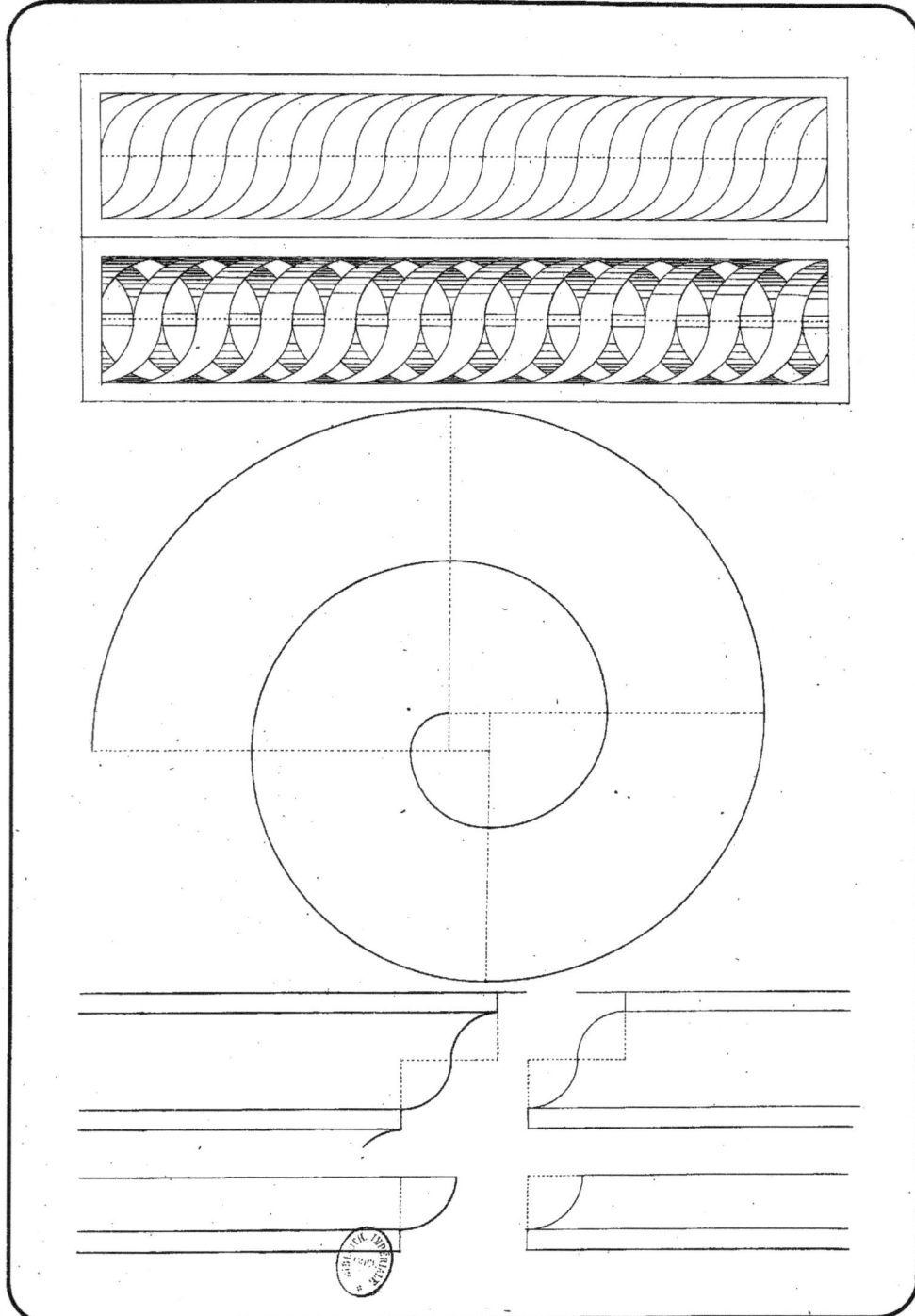

Librairie de L. HACHETTE & Cie Paris ,
77, Boulevd St Germain .

Librairie de L. HACHETTE & Cie Paris ,
77, Boulevd St Germain .

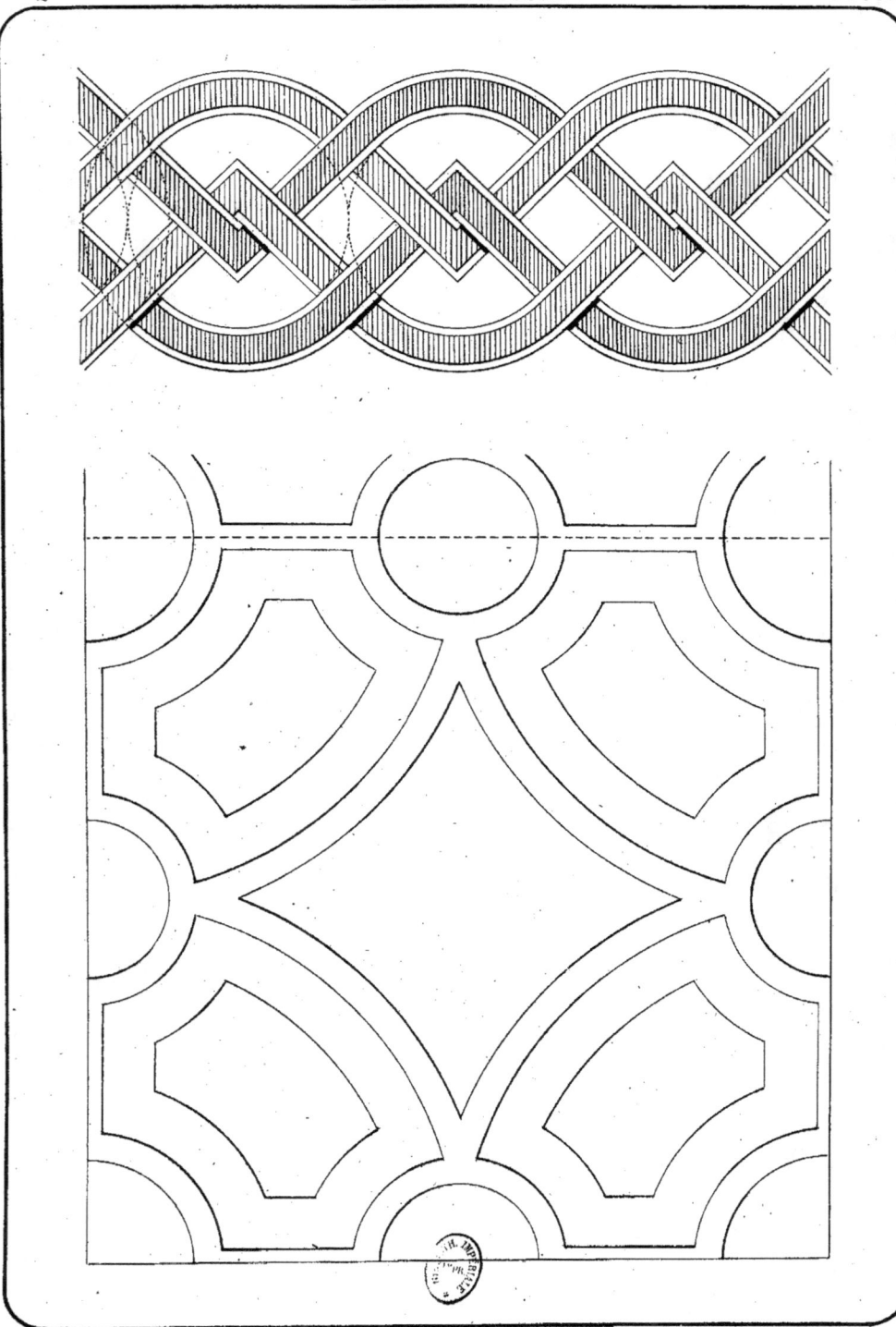

Librairie de L. HACHETTE & Cie Paris ,
77 , Boulevᵈ Sᵗ Germain .

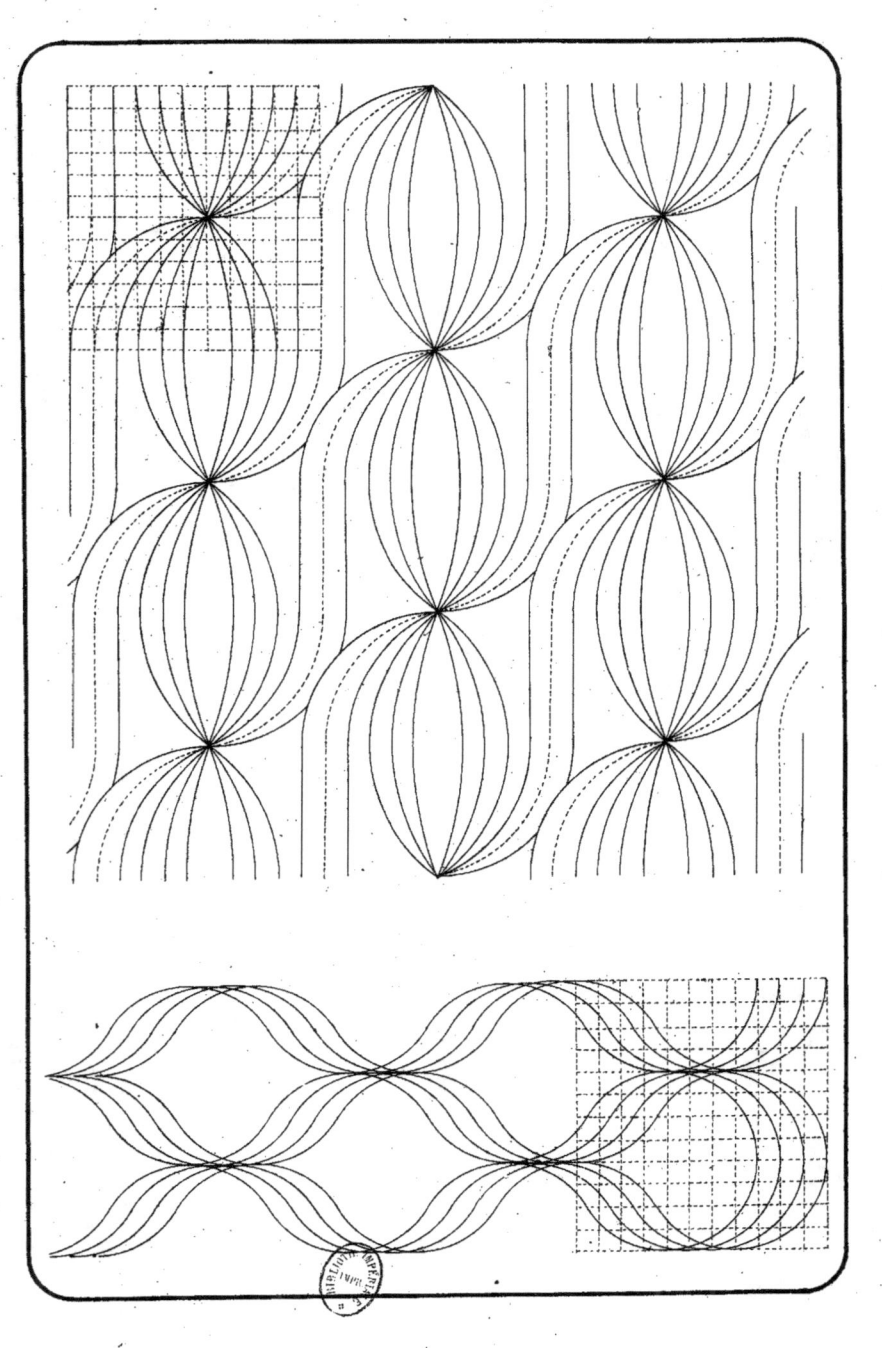

Librairie de L.HACHETTE & Cⁱᵉ Paris .
77, Boulevᵈ Sᵗ Germain .

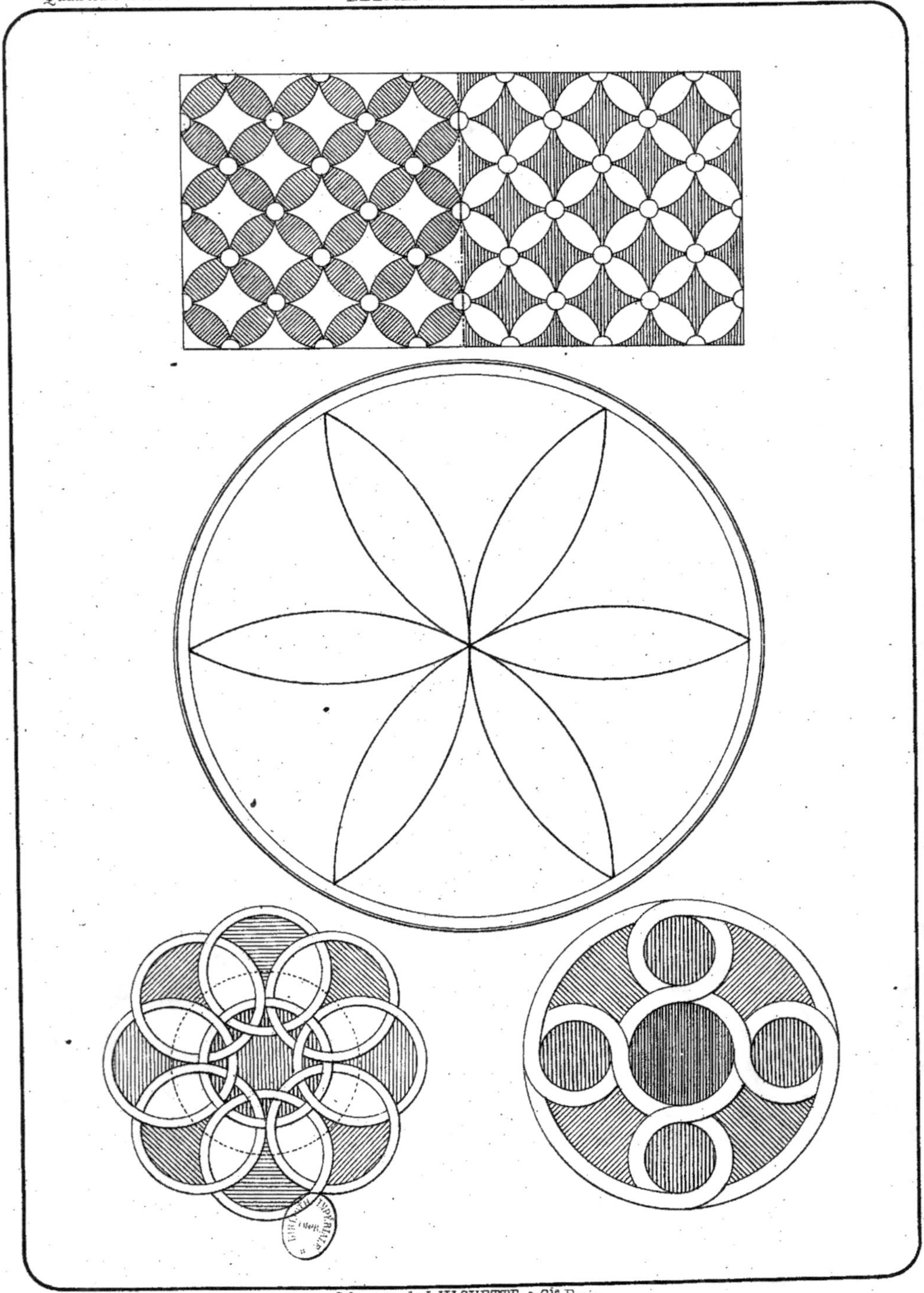

Librairie de L. HACHETTE & Cie Paris ,
77, Boulevᵈ. Sᵗ Germain .

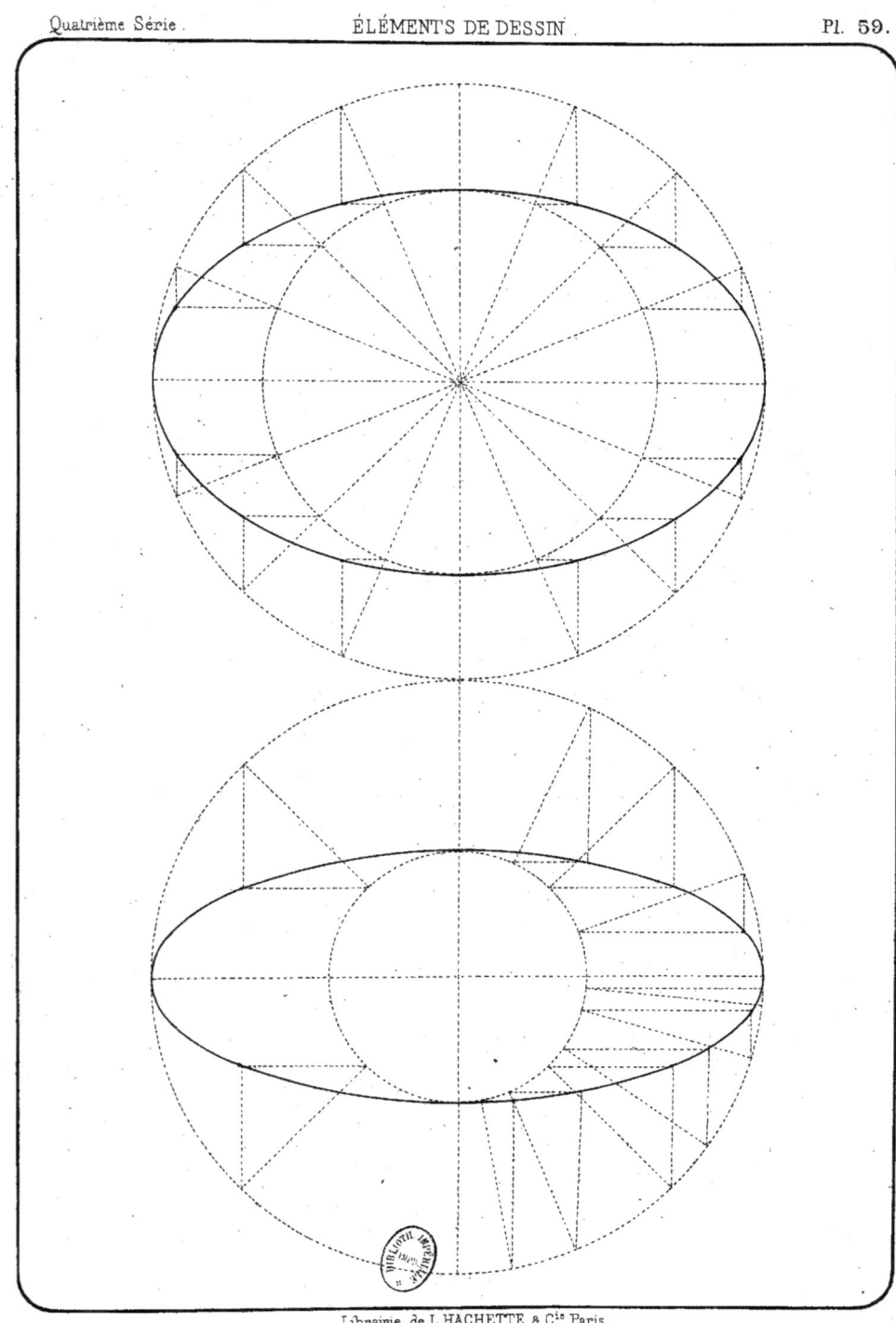

Librairie de L. HACHETTE & Cie Paris.
77, Boulevd St Germain.

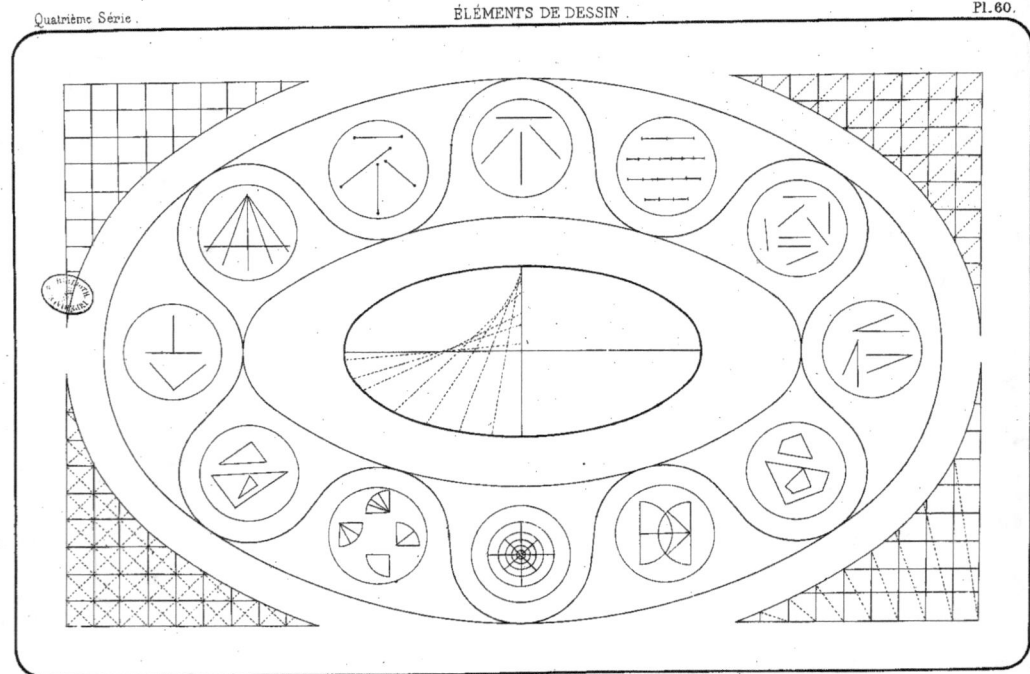

Librairie de L. HACHETTE & Cⁱᵉ Paris.
77, Boulevᵈ Sᵗ Germain.

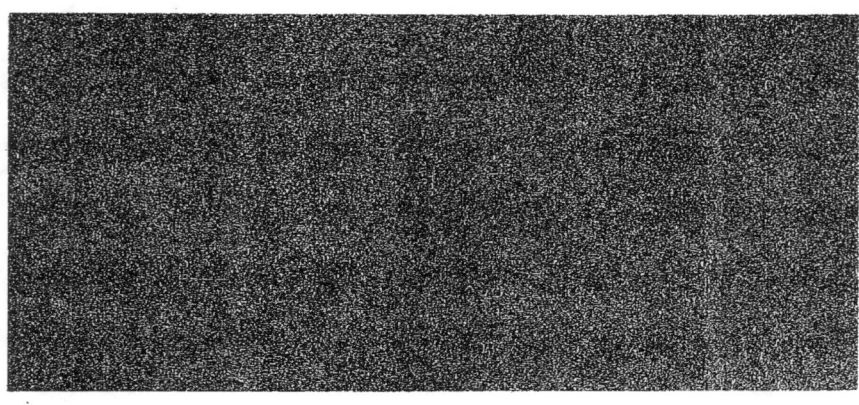

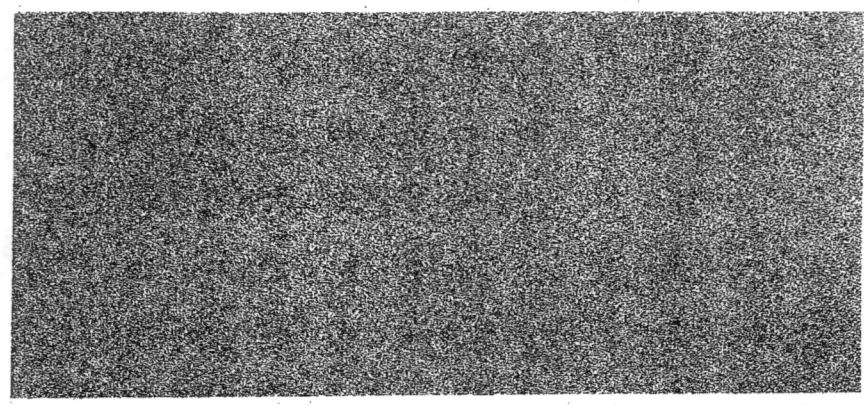

Librairie de L. HACHETTE & Cie Paris.
77. Boulevt St Germain.

Librairie de L. HACHETTE & Cᵉ Paris.
77, Boulevᵗ Sᵗ Germain.

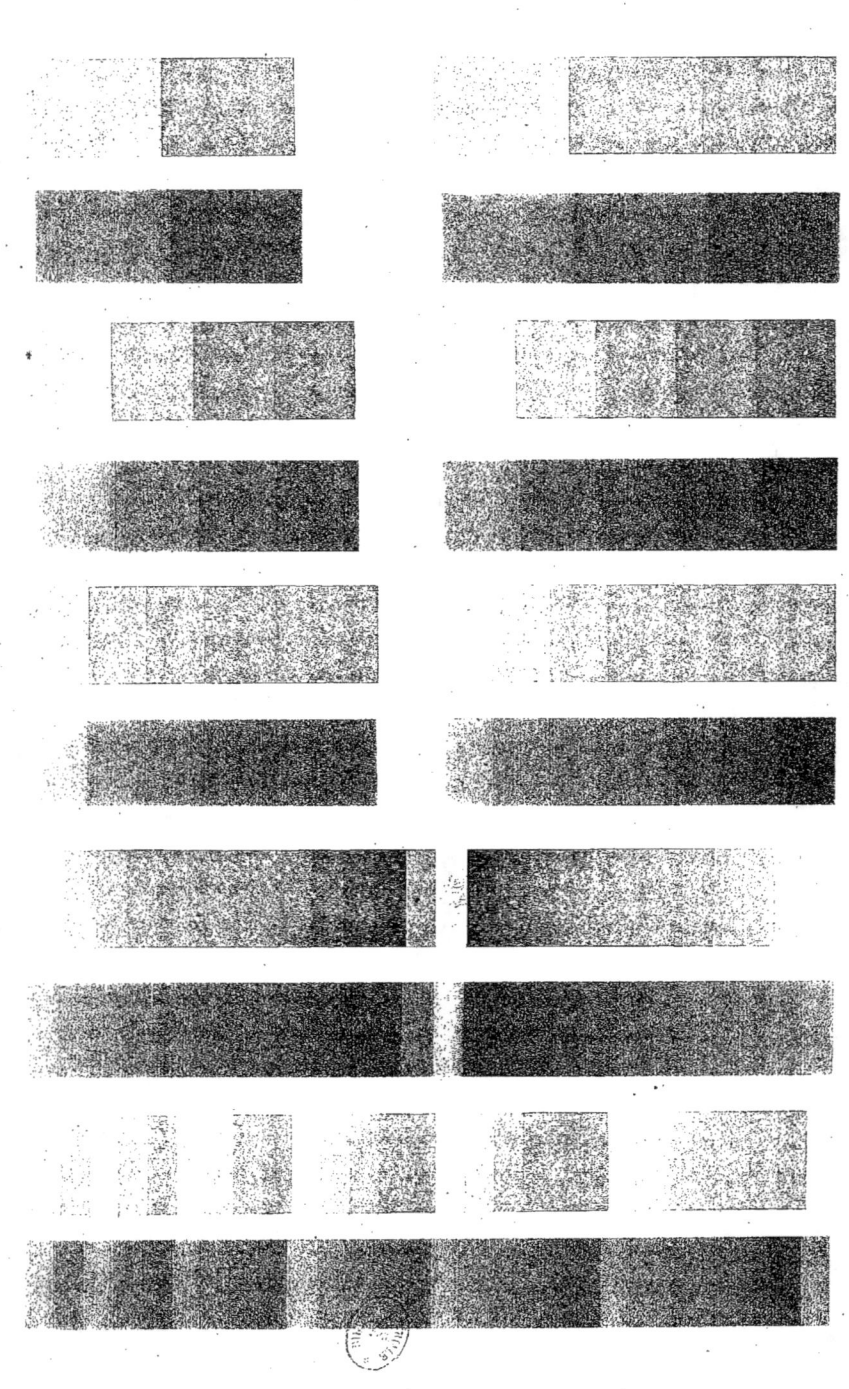

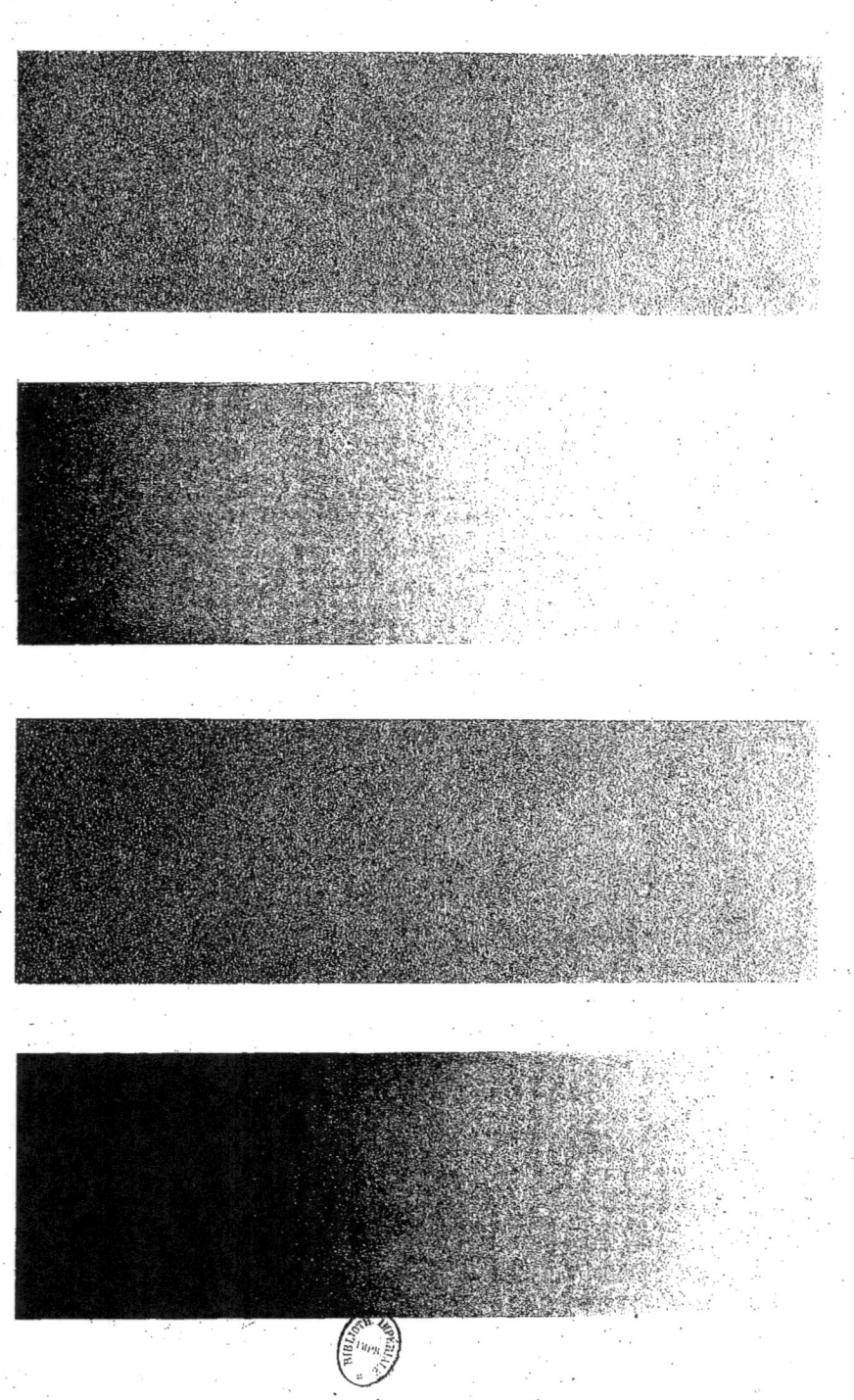

Librairie de L. HACHETTE & Cⁱᵉ Paris.
77 Boulevᵗ Sᵗ Germain.

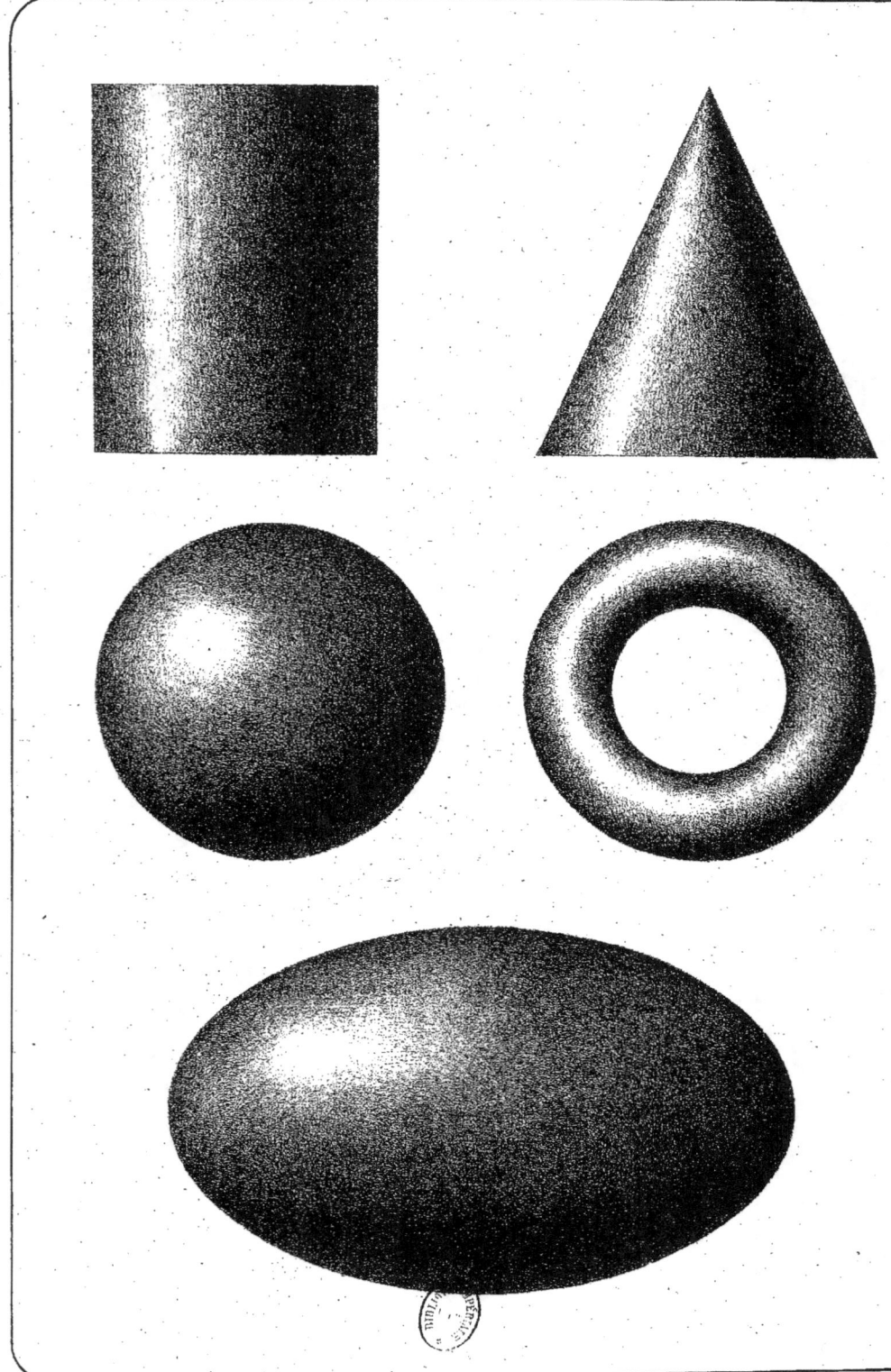

Librairie de L.HACHETTE & Cⁱᵉ Paris.
77.Boulev.ᵗ Sᵗ Germain.

www.ingramcontent.com/pod-product-compliance
Lightning Source LLC
Chambersburg PA
CBHW071556220526
45469CB00003B/1032